स्नेहदान

वाणी प्रकाशन
21-ए, दरियागंज, नई दिल्ली-110002
फोन : 011-23273167, 23275710, 41562622
फैक्स : 011-23275710
e-mail : vani_prakashan@yahoo.com

स्नेहदान

डॉ. हरिशंकर श्रीवास्तव

पूर्व प्रोफेसर एवं अध्यक्ष,
इतिहास विभाग,
गोरखपुर विश्वविद्यालय, गोरखपुर

भूमिका
श्री वृन्दावन लाल वर्मा

वाणी प्रकाशन का लोगो
विख्यात चित्रकार मकबूल फिदा हुसेन
की कूची से

ISBN : 81-8143-546-X

वाणी प्रकाशन
21-ए, दरियागंज, नयी दिल्ली-110002
द्वारा प्रकाशित

प्रथम वाणी संस्करण : 2006

आवरण : वाणी चित्रांकन
त्रिवेणी ऑफसेट, दिल्ली-110032
द्वारा मुद्रित

मूल्य : 150.00

SNEHDAAN (Stories)
by Dr. **Harishankar Shrivastava**

भूमिका

श्रीयुत हरिशंकर जी श्रीवास्तव की कहानियाँ मैं पढ़ता हूँ। जीवन को कुछ लोग एक पहेली कहते हैं। यदि जीवन को अनेक कहानियों का संग्रह कहा जाए तो अनुचित न होगा। यदि जीवन को कहानियों को कला भी मिल जाए तो जीवन में मानो सौन्दर्य मिल गया।

श्रीयुत हरिशंकर को कहानियों में उस सौन्दर्य को प्राप्त करने के लिए चाह पैदा कर दी गई है। प्रत्येक कहानी के पढ़ने के उपरान्त मन में एक भावना कसकती है—हम कहाँ हैं?

भाषा प्राञ्जल और मुहाविरेदार है, भाव सानुपात और कथानक सुसंगठित, सब कहानियों के पढ़ जाने के पश्चात् मन में लगता है—श्रीवास्तव जी और कहानियाँ भी हिन्दी को भेंट करें। मनोविश्लेषण के आधार पर हिन्दी में बहुत ही कम कहानियाँ लिखी गई हैं। और अनुपात की कमी तो प्रायः कहानियों में खटकती है। श्रीवास्तव जी इस दोष से मुक्त हैं।

झाँसी
8-3-1946

वृन्दावनलाल वर्मा

दो शब्द

(प्रथम संस्करण)

'स्नेहदान' मेरी दस कहानियों का संग्रह है। जो गत तीन-चार वर्षों में 'सरस्वती', 'विश्ववाणी', 'चाँद', 'संसार' इत्यादि हिन्दी की प्रमुख पत्र-पत्रिकाओं में प्रकाशित हो चुकी हैं, इन कहानियों में मेरी एक कहानी 'निराशा' ऐतिहासिक है। इसका कथानक मैंने अबुल फ़ज़ल लिखित अकबरनामा, गुलबदन बेगम रचित हुमायूँनामा, जौहर के संस्मरण और डा. बनर्जी लिखित हुमायूँ बादशाह से लिया है। इसमें कहाँ तक कल्पना और ऐतिहासिक घटनाओं का सम्मिश्रण है इसका पता आप स्वयं लगा सकेंगे।

इन कहानियों के विषय में मैं यह दावा नहीं कर सकता कि सभी आपको पसन्द ही आएँगी पर आशा है कि आपको कोई-न-कोई कहानी निश्चय ही पसन्द आएगी।

मेरी अधिकतर कहानियाँ दुःखान्त हैं। यदि आप कहानियों में वर्णित चरित्रों को समझ सकें, इनके सुख-दुःख में सम्मिलित हो सकें तो मैं अपने परिश्रम को धन्य समझूँगा।

मैं हिन्दी के प्रसिद्ध उपन्यासकार श्री वृन्दावनलाल वर्मा, झाँसी, का अत्यन्त ही कृतज्ञ हूँ। उन्होंने मुझे सदा प्रोत्साहित किया है और समय न रहने पर भी इस संग्रह के लिए भूमिका लिखने की कृपा की है।

डॉ. हरिशंकर श्रीवास्तव

सेण्ट ऐण्ड्रयूज़ कॉलेज
गोरखपुर
15-12-45

द्वितीय संस्करण

इलाहाबाद में अध्ययन करते समय (1937-44), मेरी 20-25 कहानियाँ 'हरिशंकर' तथा 'अग्निदूत' के नाम से हिन्दी की प्रतिष्ठित पत्रिकाओं में प्रकाशित हुई थीं। उनमें दस कहानियाँ 'स्नेहदान' के नाम से 1946 में, हिन्दी के प्रसिद्ध उपन्यासकार श्री वृन्दावनलाल वर्मा की भूमिका के साथ, किताब महल, इलाहाबाद द्वारा प्रकाशित हुई थीं। पाठकों, लेखकों तथा विद्वानों ने इन कहानियों का स्वागत किया था और मुझे इस सम्बन्ध में भिन्न-भिन्न भागों से अनेक पत्र प्राप्त हुए थे। 'स्नेहदान' में मेरे दूसरे कहानी संग्रह के प्रकाशन का विज्ञापन भी था। किन्तु अपरिहार्य कारणों, विशेषतया इतिहास के अध्ययन, अध्यापन एवं हिन्दी में शोध आधारित पुस्तकों में व्यस्तता के कारण इसमें व्यवधान हो गया।

मुझे प्रसन्नता है कि वाणी प्रकाशन, दिल्ली, 'स्नेहदान' का दूसरा संस्करण प्रकाशित कर रहा है। मुझे आशा है पाठक तथा विद्वान स्वतन्त्रता पूर्व चौथे दशक में लिखी गई इन कहानियों को पसन्द करेंगे। दूसरा कहानी संग्रह भी शीघ्र आपके समक्ष होगा।

डॉ. हरिशंकर श्रीवास्तव

17 एच.आई.जी.
आवास विकास कॉलोनी
बेतियाहाता (दक्षिणी)
गोरखपुर-273001

अनुक्रम

स्नेहदान

(1)

राजापुर गाँव के बहादुर महतो का लड़का रामनाथ जिस समय कन्धे पर लाठी रखकर, विरहा गाता हुआ गायों और भैंसों के पीछे चलता उस समय गाँव के लोग तमाशा देखने लगते। बड़े-बूढ़े कह उठते, 'अब रामू के ऊपर जवानी चढ़ी है;' और गाँव के समवयस्क लड़के 'आए भैया' कहकर जल्दी से लाठी कन्धे पर रखकर विरहा, गाते हुए उसके पीछे-पीछे चलने लगते।

बहादुर महती गाँव के एक अच्छे कृषक थे। दो हल की खेती थी, चार गाएँ थीं, तीन भैंसें। गँवई-गाँव के बीच महतों का खपरैलों का एक मकान था, जो न बहुत बड़ा था, न बहुत छोटा। उसके सामने काफ़ी जगह थी, इस कारण गाँव की पंचायत आदि की बैठक वहीं हुआ करती थी। गँवई-गाँव में इतना सब होते हुए भी उनके एक ही लडका था, रामनाथ। इसी कारण रामनाथ घर का लाड़ला था। बहादुर महतो तो उसे अपनी आँखों से कभी ओझल भी नहीं होने देना चाहते थे। उसे देखकर कभी-कभी उन्हें अपनी जवानी भी याद आ जाती और मन-ही-मन अपने पुत्र को देखकर उन मधुर दिनों की याद कर वे मुस्करा उठते।

रामनाथ प्रातः उठकर अपने अखाड़े में चला जाता। वहाँ जमकर कुश्ती होती। गाँवभर के जवान लड़के आकर वहाँ जमा हो जाते। रामनाथ सब को बारी-बारी से लड़ाता। बहादुर महतो भी अपनी जवानी में कुश्ती लड़ा करते थे। इस कारण अपने पुत्र को इस विषय में वे खूब प्रोत्साहित करते। अखाड़े से आकर रामनाथ अपने हाथ से भैंस का दूध दूहता और पी जाता। फिर गायों और भैंसों को खोलकर, लाठी कन्धे पर रखकर वह बाहर दूर उन्हें चराने के लिए चला जाता। दोपहर को लौटकर स्नान करता, फिर खूब खाता। घर में दूध, दही, घी किसी चीज़ की कमी नहीं थी। घर में तीन ही तो प्राणी थे पर दूध-दही इतना होता, कि छः प्राणी खा लें फिर भी समाप्त न हो। उस पर भी बहादुर महतो और उनकी स्त्री पियारी को दूध-दही से बहुत कन प्रेम था। इस कारण रामनाथ को दूध-दही की कमी नहीं होती। खा-पीकर रामनाथ फिर गायों और भैंसों के पीछे चल पड़ता। सन्ध्या को थका-माँदा लौटता, खा-पीकर सो जाता। यही उसकी दिनचर्या थी।

रामनाथ की उम्र अभी केवल अठारह वर्ष की थी। पर उसका कसरती शरीर और गोरा चेहरा इतना आकर्षक और सुन्दर था कि लोग देखते ही रह जाते। और यही कारण था कि बहादुर महतो उसे कुछ भी नहीं कहते और वह जिस चीज़ की फ़र्माइश करता वही उसके लिए जुटा दी जाती।

रामनाथ अकेला नहीं था। उसके साथ गाँव के बड़े और उसके हम उम्र लड़कों का दल था जो उसके पीछे मरने-मारने को सदा तैयार रहता। इनमें विशेषकर उन लड़कों का हाथ था जो रामनाथ के साथ गायों और भैंसों के पीछे घूमा करते। गाय-भैंसें किसी के खेत में घुसकर पूरा खेत चाट जातीं पर कोई कुछ न कहता, खून का घूँट पीकर रह जाता। यदि किसी ने आँख दिखा दी या कुछ कह दिया तो फिर उसकी खैर नहीं थी। दूसरे दिन उसके लहलहाते हुए खेत कटकर साफ़ हो जाते, पूरे खलिहान का पुआल जलकर राख हो जाता। इस कारण कोई भी उसे डाँटने का साहस नहीं करता।

गाँव भर में रामनाथ का आतंक था। कोई भी उसे कुछ भी कहने का साहस नहीं करता पर गाँव में एक ऐसा भी प्राणी था जिसका कहना रामनाथ कभी नहीं टाल सकता था और वह थी उसके घर के पास ही रहने वाली छाँगुर की विधवा लड़की 'किशोरी'। किशोरी की अवस्था इस समय 17 वर्ष की थी। पर उसको विधवा हुए आज दस वर्ष हो गए थे। जब वह नन्ही-सी छः वर्ष की बच्ची थी तभी उसका विवाह कर दिया गया! अभी उसने ससुराल का मुँह भी नहीं देखा था कि उसने सुना उसके पति की मृत्यु हो गई है। पति क्या वस्तु होती है। यह वह उस दिन तक नहीं जान सकी थी। इसी कारण अपने पति की मृत्यु का समाचार सुनकर उसके हृदय में कोई वेदना नहीं हुई। किन्तु जब उसके माता-पिता और घर की स्त्रियाँ उसी को पकड़-पकड़कर रोने लगीं तब वह हक्का-बक्का होकर उनकी तरफ़ देखने लगी। फिर अपने चारों तरफ़ रुदन देखकर वह अपने को न सँभाल सकी और स्वयं भी रो पड़ी थी। किन्तु वह इस रुदन का न कुछ अर्थ समझ सकी और न उसके हृदय में दर्द ही हुआ। उस समय जब उसकी चूड़ियाँ, वही चूड़ियाँ जो उसने कल चूड़िहार से ख़रीदी थीं तोड़ी जा रही थीं, तब उसे हार्दिक दुःख हुआ था।

किशोरी भी अपने माता-पिता की इकलौती बेटी थी। उसकी माता इस दारुण दुःख को न सह सकीं। और इस घटना के एक ही साल बाद इस संसार को त्यागकर सदा के लिए चल बसीं। इसके बाद इस लम्बे-चौड़े घर में किशोरी और छाँगुर ही रह गए। किशोरी की जाति में विधवा-विवाह का रिवाज था। पर सदा ब्राह्मण और ऊँची जाति की लड़कियों के साथ रहने से किशोरी को विधवा विवाह अनुचित प्रतीत होता। इसी वजह से जब कभी छाँगुर आँखों में आँसू भरकर कहते—"बेटी रानी! मेरी इच्छा है कि मैं तुम्हारा विवाह कर निश्चिन्तता से अपने जीवन के अन्तिम

दिन व्यतीत करूँ," तो किशोरी बनावटी क्रोध से कहती—"चाचा! तुम ऐसी बातें क्यों करते हो। तुम्हारे बिना मैं एक क्षण नहीं रह सकूँगी। तुम मुझे भगाना चाहते हो। पर तुम्हारे भगाने पर भी मैं यहाँ से नहीं हटूँगी।" इतना कहकर अपने आँसुओं को छिपाने के लिए जल्दी से कोई बहाना कर भीतर चली जाती और फिर बैठकर वहाँ खूब रोती। क्यों उसे इतनी वेदना होती, यह वह स्वयं नहीं जानती। पर कभी-कभी वह सोचती, 'काश मैं आज विधवा...' इसके आगे कुछ सोचने की उसमें क्षमता ही नहीं रहती और वह फूट-फूटकर रो पड़ती।

बूढ़ा, छाँगुर, जिसने अपने बाल इस संसार में रहकर ही सफ़ेद किए थे, अपनी पुत्री की वेदना को समझता और उसके दुःख को याद कर उसकी आँखों से भी आँसू गिर पड़ते।

किशोरी और रामू बचपन में साथ-साथ खेले थे। बचपन में सन्ध्या को गाँव के रास्तों पर दोनों बैठकर धूल में खेला करते और जब कभी गाय-बैलों का समूह उधर से आता तो रामनाथ आगे खड़ा होकर किशोरी की रक्षा करता। इसी तरह कितनी बार दोनों ने एक-दूसरे के लिए अपने जीवन की बाज़ी लगाई है।

दोनों समवयस्क थे, इसलिए दोनों में कौन बड़ा यह कभी तय नहीं हो सका था। पर एक दिन जब किशोरी ने उसे समझाकर कह दिया कि, तुम बड़े हो या छोटे पर तुम पुरुष हो और मेरी रक्षा कर सकते हो इसलिए तुम मुझसे बड़े ही हुए। बोलो क्या तुम मेरी रक्षा नहीं करोगे? उस समय रामनाथ कुछ असमंजस में पड़ गया। फिर भी उसने सँभलकर कहा, "अच्छा मैं बड़ा तो रहूँगा पर तुम्हें दीदी ही कहूँगा और कुछ भी नहीं।" अन्त में बड़े वाद-विवाद के बाद दोनों में सुलह हो गई थी और तब से किशोरी रामू को 'भैया' कहती और रामू किशोरी को 'दीदी।'

बचपन में दोनों ने साथ-साथ गुड़िया खेली है, गुड्डों का ब्याह किया है, मछलियाँ मारी हैं। पर वे बातें पुरानी हैं। दोनों में अब बालपन की वह चंचलता नहीं है, यौवन की गम्भीरता आ गई है। दोनों अब बहुत कुछ समझने लगे हैं, जानते हैं कि अब वे बालक नहीं हैं, इसलिए संसार शायद अब हम लोगों के मेल-मिलाप को सहन न कर सकेगा। फिर भी इतने दिनों का साथ, इतने दिनों का स्नेह कभी उन्हें अलग नहीं होने देता था। और वे रोज़ कभी-न-कभी मिलते। दोनों भाई-बहन की तरह रहते और सदा एक-दूसरे के लिए जान पर खेलने को तैयार रहते।

(2)

एक दिन रामनाथ के हाथ एक सुन्दर-सा तोता लगा। उसने जल्दी से उसे एक पिंजड़े में बन्द किया और छाँगुर महतो के घर के सामने आकर बोला, "दीदी, ओ

दीदी!"

किशोरी उस समय आटा गूँध रही थी। चूल्हे पर तरकारी बन रही थी। इसलिए वहाँ से हटना ठीक नहीं था। वहीं से बोली, "आओ भैया!"

रामनाथ जाकर उसके सामने खड़ा हो गया। फिर मुस्कराकर बोला, "अच्छा दीदी! आज कुछ खिलाओ तो तुम्हें एक चीज़ दूँ।"

किशोरी हँस पड़ी। बोली, "खाना-खाना तो चिल्लाते रहते हो पर जब खाने को कहती हूँ तो भाग जाते हो और नहीं तो ज़रा-सा खाकर चले जाते हो। सुनूँ भी तो क्या चीज़ लाए हो?"

रामू बोला, "नहीं, इस बार यह सब नहीं होगा। इस बार तो बिना खाए-पिए मैं कुछ भी देने का नहीं।"

किशोरी मारे प्रसन्नता के फूली नहीं समाई। हँसती हुई बोली, "अच्छा बैठो खिलाऊँगी पर ज़रा अपनी चीज़ भी तो दिखाओ या मुझे योंही धत्ता बता रहे हो।"

रामू बोला, "योंही? हूँ, तुम भी खूब हो दीदी।" इतना कहकर वह बाहर गया और दालान से पिंजड़ा उठा लाया। और पिंजड़े के तोते को दिखाते हुए बोला, "देखो कितना अच्छा बोलता तोता है। सुन्दर-सा। बिल्कुल तुम्हारे जैसा। और तुम्हारी पीली साड़ी की तरह इसके पर भी हैं।"

किशोरी हँस पड़ी। बोली, "अरे भैया! तुम भी खूब हो। कहीं तोते के भी पर पीले होते हैं। और मेरे जैसा सुन्दर है! तो फिर मैं समझ गई कितना सुन्दर है।"

रामनाथ मुँह बनाकर बोला, "अरे समझी नहीं। तुम पीली साड़ी जो पहने हो। इस कारण इसका रंग भी पीला हो गया है।"

इतना सुतने ही किशोरी हँस पड़ी और रामनाथ भी अपनी हँसी नहीं रोक सका।

जब दोनों का हँसना बन्द हुआ तब रामनाथ बोला, "अच्छा देखो यह बोलता कैसा अच्छा है।" इतना कहकर तोते की तरफ़ मुँह कर वह बोला, "बोलो तो तोता 'किशोरी दीदी'।"

तोते ने इधर-उधर देखा और फिर बोल उठा। "किशोरी दीदी।" किशोरी इन शब्दों को सुनकर पुलकित हो उठी। और उसी अवस्था में बोल उठी, "अच्छा चलो खाना खा लो। आज भागने नहीं दूँगी।"

रामू हाथ-पाँव धोकर खाना खाने बैठ गया। किशोरी जल्दी-जल्दी रोटी बनाती जाती और रामू खाता जाता। रामनाथ जब आठ-दस रोटियाँ खाकर उठने लगा! तब किशोरी आश्चर्य से बोली, "बस हो चुका! अरे भैया तुमने तो कुछ खाया ही नहीं। नहीं-नहीं, बैठो अभी तुम्हारा पेट नहीं भरा है।"

रामू हँसकर बोला, "खा रहा हूँ मैं और पेट भरने का हाल तुम्हें मालूम है।

क्यों?"

किशोरी हँसी और बोली, "क्यों इसमें असम्भव क्या है?"

रामू फिर बैठकर खाने लगा। तीन-चार रोटी खाकर रामनाथ उठने लगा। किशोरी ने उसका हाथ पकड़कर बैठा दिया और याचना के स्वर में बोली, "एक रोटी और भैया। मेरे कहने से। अपनी दीदी की बात मान लो! बैठो।"

रामनाथ बिना कुछ कहे फिर बैठ गया।

इसी समय छाँगुर महतो आकर दरवाज़े पर खड़े हो गए। रामू उन्हें देखकर बोला, "देखते हो दादा! आज दीदी मुझे उठने ही नहीं दे रही है। इतना खा चुका फिर भी कह रही है कि मेरा पेट नहीं भरा है।"

छाँगुर हँस पड़े। वे कुछ कहने ही जा रहे थे कि किशोरी ज़रा नाराज़ होकर बोल उठी, "नहीं चाचा अभी तक इन्होंने कुछ भी नहीं खाया है।"

छाँगुर बोले, "क्यों रामू! तुम लोग जवान आदमी खाने से इतना भागते हो। मैं जब तुम्हारी उम्र का था तो खाने में गाँव में सब से अव्वल था।"

रामू बोला, "पर इसका मतलब यह तो नहीं है कि मैं दो-चार मन खाऊँ!"

रामू ने इस तरह कहा कि सबके सब हँस पड़े। रामू भी अपनी हँसी को नहीं रोक सका।

छाँगुर महतो चले गए। इसके बाद बड़ी कठिनता से रामू को खाने से छुट्टी मिली।

खाना खाकर दोनों मिलकर तोते से खेलने लगे। किशोरी कहती, "कहो तोता, 'भैया'।" और रामू कहता, "नहीं, नहीं। कहो, 'दीदी'।"

इस तरह समय बीत रहा था। रोज़ रामू और किशोरी तोते से खेलते। उनके जीवन में इस तोते ने आकर एक नया रंग, एक नया स्नेह और एक नया जीवन पैदा कर दिया था।

(3)

राजापुर गाँव के जमींदार शिव बाबू का पूरा नाम शिवसिंह था पर सब उन्हें शिव बाबू ही कहते थे। गाँव के उत्तर तरफ़ आमों के बग़ीचे के पास उनकी छावनी थी। छावनी के बीचोंबीच उनका एक छोटा सुन्दर बँगला था। उसके चारों तरफ़ अनाज की बखारें थीं और उसी के आस-पास उनके नौकर, हरवाहे इत्यादि रहा करते थे। साल भर में बाबू साहब एक या दो बार गाँव की परिक्रमा करने आते। उनकी अनुपस्थिति में उनके कारिन्दे उनका सारा इन्तज़ाम करते। जब बाबू साहब को आना होता उसके कुछ दिन पहले से ही गाँव में हलचल मच जाती। गाँव के गरीब, अशिक्षित किसानों के चेहरे का रंग बदल जाता। और जो बहुत धर्म-परायण होते वे अपने देवी-देवता मनाये बग़ैर न रहते।

शिवसिंह बाबू की अवस्था इस समय तीस वर्ष की थी। पर अभी तक उन्हें सन्तान के दर्शन नहीं हुए थे। और आशा भी बहुत थोड़ी थी। दस वर्ष पहले शिव बाबू विद्यार्थी थे। उन्होंने इन्ट्रेन्स तक शिक्षा पाई थी। और लगातार पाँच वर्ष तक परिश्रम कर मैट्रिक की परीक्षा भी उन्होंने हर साल दिया था। पर सरस्वती देवी उनके परिश्रम से प्रसन्न नहीं हो सकीं। इसी समय अचानक उनके पिता की मृत्यु हो गई और पढ़ाई छोड़कर शिव बाबू ने अपनी जमींदारी का भार सँभाला।

ज़मींदारी पाकर शिव बाबू आपे में न रहे; धीरे-धीरे ऐश-आराम के साधन जुटने लगे। शराब का चस्का लगा। और थोड़े ही समय में उसकी आदत इतनी बढ़ गई कि दिन भर में बीस-पचीस रुपए शराब में उड़ जाते। दिन भर अपने ऐयाश दोस्तों के साथ वे मस्त पड़े रहते। जब तक शराब मिलती जाती उन्हें संसार में और किसी चीज़ की ज़रूरत नहीं थी। हाँ, कभी-कभी उनकी इच्छा कोई 'परी' लाकर नचाने की होती और यह भी पूरी होती। जब तक उन्हें अपने खर्चे के लिए रुपए मिलते जाते तब तक उन्हें अपनी जमींदारी की चिन्ता भी नहीं रहती थी। कारिन्दे जिस तरह चाहते लूटते। पर जिस दिन उन्हें अपनी चीज़ें नहीं मिलतीं उस दिन उनका पारा गरम होकर ऊपर उठने लगता और उस बेचारे कारिन्दे की ख़ैर नहीं होती थी। ज़मींदारी काफ़ी थी। इस कारण ख़र्चा अच्छी तरह चल जाता था।

इस बार दो साल बाद ज़मींदार महोदय का आगमन राजापुर गाँव में हुआ था। जिस तरह बिजली के छू जाने से शरीर में एकबारगी रोमांच हो जाता है ठीक उसी तरह आज पूरा गाँव झनझना उठा था। कारिन्दे दौड़-दौड़कर बाबू साहब के लिए शराब-कबाब का बन्दोबस्त कर रहे थे। किसकी बकरी आज कटेगी, किसके यहाँ से दूध आएगा, किसके यहाँ से दही, कौन घी देगा। इत्यादि का बन्दोबस्त करना था। एक पुराना और बूढ़ा कारिन्दा पेड़ के नीचे बैठा जल्दी-जल्दी आदमियों को आज्ञा दे रहा था। उसके चेहरे पर भय की रेखा थी। क्योंकि वह जानता था कि सब चीज़ें अगर न पहुँचेंगी और कहीं कुछ गड़बड़ हो जाएगा तो फिर सिवाय ईश्वर के और कोई भी उसकी सहायता नहीं कर सकेगा।

सन्ध्या का समय था। गर्मी के दिन। पृथ्वी अब भी तप रही थी। कोई पंखे से हवा कर रहा था, कोई कपड़े से और कोई-कोई और व्यवस्था न होने के कारण अपने हाथों को ही हिलाकर अपनी जान बचाने का प्रयत्न कर रहा था। दिन भर गायों और भैंसों के चराने के बाद चरवाहे कन्धे पर लाठियाँ रखे गाते हुए गायों और भैंसों के पीछे चले आ रहे थे। और चौपाये प्रसन्नता के मारे पूँछ उठाए उछलते-कूदते अपने-अपने घरों की तरफ़ चले जा रहे थे। दिन भर के थके-माँदे कृषक अपने-अपने झोंपड़ों की ओर जा रहे थे। इसी समय शिवसिंह बाबू अपनी छावनी के बँगले के सामने, बड़े-बड़े मसनदों के सहारे, तीन-चार दोस्तों के साथ

बैठे हुए थे। उनके दोनों तरफ़ दो आदमी बड़े-बड़े ताड़ के पंखे लिए हुए हिला रहे थे। सामने एक छोटी-सी मेज़ के ऊपर बोतलें और गिलासें रखी हुई थीं। उनके मित्र इधर-उधर की बातें कर रहे थे और कभी-कभी बोतलों से गिलासों में शराब ढाल-ढालकर पी रहे थे। पास ही मेज़ पर किसानों की सलामी के रुपए पड़े थे।

उन्हीं चौकियों से कुछ दूरी पर मैले-कुचैले, चिथड़े लपेटे हुए कुछ किसान बैठे उनकी तरफ़ देख रहे थे। कभी उनकी आँखें आश्चर्य से और कभी-कभी घृणा से भर जाती थीं। बार-बार उनके मन में यह विचार आ रहा था कि ये रुपए जो हम लोगों ने अभी दिए हैं क्या इसी मद्यपान के लिए? कितनी कठिनता से इन रुपयों का बन्दोबस्त हुआ है; कैसे-कैसे परिश्रम कर, पेट काटकर ये रुपए जमा किए गए हैं। जिनके पास नहीं थे उन्होंने उधार लिए हैं और लाकर सिर नीचा कर ज़मीन से सटाकर ज़मींदार के पैर पर उन्होंने इन रुपयों को रख दिया था। जिन्होंने रुपया नहीं दिया था उनका स्वागत जब जूतों से होने लगा तब बेचारों ने कहीं से रुपया उधार लाकर दिया। उस खून के रुपयों का इस प्रकार आदर होते देखकर उनका हृदय घृणा और विद्रोह से भर उठा। पर ज़मींदार परमेश्वर होता है! इस पूर्व परिपाटी के कारण उन्होंने मुँह से कुछ भी कहने का साहस नहीं किया।

बड़ी देर तक मद्यपान होता रहा। इसके बाद एक-एक के ऊपर नशा चढ़ने लगा और फिर नशे में इधर-उधर की बातें भी शुरू हो गईं। धीरे-धीरे कृषक भी सिर नीचा किए घर की तरफ जाने लगे। मुँह से उन्हें कुछ भी कहने का साहस नहीं हो रहा था पर सब के हृदय में आग थी।

थोड़ी देर के बाद खाना-पीना हुआ। खाना समाप्त कर शिव बाबू ने बूढ़े कारिन्दे को बुलाया और धीरे से बोले, "क्यों जी! और सब का तो इन्तज़ाम हुआ पर 'उस चीज़' का कोई बन्दोबस्त तो तुमने नहीं किया। कहीं से अच्छी-सी एक छोकरी तो आनी ही चाहिए।" इतना कहकर शिव बाबू बड़े ज़ोर से हँस पड़े। उनकी हँसी में पागलों का अट्टहास था और चेहरे पर वासना का भूत।

बूढ़ा कारिन्दा रुपया वसूल करने में सख्ती ज़रूर करता था पर इस तरह किसी की इज़्ज़त बिगाड़ना वह अच्छा नहीं समझता। उसे इन सब बातों से घृणा होती। वह समझता ऐसा करना पाप है। वह रुपए लेने में सख्ती करने को पाप नहीं समझता था पर किसी की स्त्री या लड़की की इज़्ज़त बिगाड़ने को वह बहुत भारी पाप समझता। वह एक बार काँप उठा भगवान और पाप के भय से। पर बूढ़े मुंशी जी को मालूम था कि कोरा जवाब देने से जान आफ़त में पड़ जाएगी। इसलिए कुछ सँभलकर अपना चेहरा बदलकर बोले, "सरकार, कोशिश करूँगा। पर आप जानते हैं यह कोई शहर नहीं है।"

बूढ़ा कारिन्दा किसी भी तरह अपने को नहीं समझा सका। 'कोशिश कर रहा हूँ' कहकर उसने दो रोज़ टाल दिए।

तब झुंझलाकर एक दिन क़रीब दस बजे शिवसिंह बाबू अपने एक मित्र के साथ 'उस किसी चीज़' की तलाश में खुद निकल पड़े। इधर-उधर आँखें घुमाते हुए वे धीरे-धीरे गाँव की तरफ अग्रसर हुए।

गाँव खाली पड़ा था। सारे पुरुष खेतों पर काम करने गए थे और छोटे-छोटे बालक पास ही की पाठशाला में पढ़ने गए हुए थे। पर कहीं-कहीं कुछ बच्चे बैठे हुए धूल में खेल रहे थे और स्त्रियाँ अपने घरों में काम कर रही थीं। शिवसिंह बाबू के लिए इससे अच्छा अवसर क्या हो सकता था।

इधर-उधर घूमते हुए शिवसिंह बाबू छाँगुर महतो के घर के सामने से गुज़रे। किशोरी सब काम-धन्धे करने के बाद बैठी हुई अपने तोते को खिला रही थी और उसे बोलना भी सिखा रही थी। तोता भी मग्न हुआ कभी 'दीदी' कभी 'भैया' बोल उठता था। किशोरी प्रसन्नता में डूबी हुई तोते को देख रही थी। उसका आँचल सिर से खिसक गया था। पर उसे इसका ख्याल ही नहीं था। वह अपने घर के आँगन में बैठी थी पर दरवाजे से साफ़ दिखाई दे रही थी। और ज़मींदार ने उसका यह सब खेल देख लिया। उसका कामुक हृदय वासना से झनझना उठा। उनकी इच्छा हुई कि अभी...। पर इस भय से कि कहीं उनके मित्र इस 'चिड़िया' को देखकर अपने लिए इसका बन्दोबस्त न करने लगें वे जल्दी से दूसरे दिन अकेले आने का विचार कर आगे बढ़ गए। शिवसिंह बाबू आगे बढ़ते गए पर उनकी आँखों में किशोरी की मूर्त्ति नाच रही थी सुन्दर, मधुर, आकर्षक। दूसरे दिन फिर उसी समय अकेले शिवसिंह बाबू छाँगुर महतो के दरवाजे पर जा डटे। किशोरी उस समय भी बैठी तोते को खिला रही थी। इधर-उधर देखकर शिवसिंह बाबू घर के अन्दर घुसे। किसी के आने की आहट पाकर किशोरी ने दरवाज़े की तरफ देखा और वहाँ पर साक्षात ज़मींदार को देखकर उसके आश्चर्य की सीमा नहीं रही। बहुत दिन हुए उसने एक बार शिव बाबू को गाँव में देखा था। और यह भी जानती थी कि शिव बाबू छाँगुर महतो को बहुत मानते हैं। इसलिए उसने समझा कि शायद कोई काम होगा। फिर भी इस तरह उनको आते हुए देखकर और अपने को अकेला पाकर, भय, शंका, और लज्जा से उसका मुँह लाल हो गया। और उसी अवस्था में जल्दी से अपना आँचल सँभालकर सिर नीचा कर एक किनारे खड़ी हो गई।

शिव बाबू फिर साहस कर धीरे से बोले, "क्यों रे, छाँगुर कहाँ है?"

किशोरी ने धीरे से कहा, "सरकार! खेत पर गए हैं।"

शिव बाबू ने सोचा कि अब कोई डर नहीं है। वे थोड़ा आगे बढ़कर बोले, "तुम्हारा नाम क्या है?"

"किशोरी", भय-मिश्रित स्वर में बालिका ने जवाब दिया।

"तुम्हारा विवाह नहीं हुआ है न", ज़मींदार ने पूछा।

"नहीं सरकार, मैं तो विधवा हूँ।"

"ओह! यह उमर! यह रूप! यह जवानी और विधवा!"

ज़मींदार की आँखों में वासना नाच रही थी। रातभर उन्हें नींद नहीं आई थी। किशोरी को वे भूल नहीं सके थे। और उसे कैसे, किस उपाय से अपने क़ाबू में लाया जा सकता है यही बात वे रात भर सोचते रहे। इस समय उसे अपने पास देखकर वे अपने को भूल गए। उनके हृदय में धड़कन होने लगी। शरीर काँपने लगा। उन्होंने कहा, "देखो किशोरी रानी! एक बार मेरे कलेजे से लग जाओ। मैं तुम्हें तुम जो कुछ कहोगी दूँगा। मैंने तुम्हें कल देखा और तब से मैं पागल हो रहा हूँ। मेरी रानी, मेरी प्यारी..." कहते हुए शिव बाबू आगे बढ़े और अपने दोनों हाथ उन्होंने किशोरी के गले में डाल दिए। और ज्योंही उन्होंने उसे खींचकर अपने हृदय से लगाना चाहा वैसे ही किशोरी ने एक बड़े ज़ोर से धक्का दिया। शिव बाबू गिर पड़े। और किशोरी भागकर पीछे के दरवाज़े पर खड़ी हो गई। उसकी आँखों से लपटें निकल रही थीं। वह कोमलता, वह भय, जो क्षण भर पहले था, हवा हो गया था। उसका स्थान अब आत्म-निर्भरता ने ले लिया था।

उसने क्रोध से आँखें लाल कर कहा, "देखिए आप यहाँ से चले जाइए। नहीं तो मैं अभी चिल्लाकर गाँव की सारी औरतों को इकट्ठा कर दूँगी।"

शिव बाबू की आँखों में नशा छा रहा था। उन्होंने एक बार किशोरी की तरफ़ देखा। फिर बोले, "तुम नाराज़ क्यों होती हो? यह लो दस रुपए दे रहा हूँ। काम हो जाने पर और भी दूँगा। बेकार ज़िन्दगी नष्ट करने से क्या फायदा। मेरे साथ चली चलो रानी बनकर रहोगी। मैं तुम्हें मालामाल कर दूँगा!"

इतना कहकर उन्होंने दस रुपए का एक नोट किशोरी की तरफ़ फेंक दिया। किशोरी नोट पर लात मारकर उनकी तरफ दाँत पीसती हुई बोली, "बस, आप यहाँ से फौरन चले जाइए नहीं तो मैं अभी चिल्ला पड़ूँगी।"

शिव बाबू ने दस-दस के दो और नोट निकालकर कहा, "यह लो' बस अब तो इंकार नहीं करोगी? आओ किशोरी रानी! आह तुमने भी क्या रूप पाया है।"

किशोरी क्रोध से काँप उठी और बोली, "देखिए अब मैं चिल्ला पड़ती हूँ।"

शिव बाबू ने भय का सहारा लिया और बोले, "देखो अगर बहुत सिर चढ़ोगी तो छाँगुर को जान से मरवा डालूँगा और तुम्हें भी ग़ायब कर दूँगा। अब भी होश में आओ!"

किशोरी काँप उठी फिर भी क्रोध से बोल उठी, "आप जाइए।"

शिव बाबू क्षण-भर के लिए सन्न-से हो गए। किशोरी की वाणी में शक्ति थी बल था। अगर इसने चिल्लाकर गाँव वालों को ख़बर कर दी तो? नहीं नहीं, यह ठीक नहीं होगा। बदनामी कुछ न कुछ तो हो ही जाएगी। कितनी ही स्त्रियों का सतीत्व उन्होंने नष्ट किया था। पर सभी किसी न किसी तरह कब्जे में आ

गई थीं। कोई रुपए से, कोई भय से; पर यह लड़की क़ाबू में क्यों नहीं आ रही है यह शिव बाबू नहीं समझ सके। अब उन्हें अपनी भूल मालूम हुई। उन्होंने सोचा यहाँ आना ठीक नहीं हुआ—उसे ग़ायब कर देना चाहिए था। अब उन्हें कुछ होश हुआ। क्रोध भी आया। बोले, "मैं जा तो रहा हूँ पर याद रखना एक दिन तुम्हें मेरी इच्छा पूरी करनी ही होगी। अगर इच्छा से नहीं तो ज़बर्दस्ती से अपनी इच्छा पूरी करूँगा।" इतना कहकर शिव बाबू बाहर चले गए।

किशोरी को अब होश हुआ। मारे क्रोध, दुःख और असमर्थता के उसकी आँखों से आँसू गिरने लगे और वह फूट-फूटकर रोने लगी।

(4)

थोड़ी देर बाद रामू आया और लाठी दरवाज़े पर रखकर पुकारा, "दीदी, ओ दीदी! ज़रा तोता तो लाना। अमरूद लाया हूँ।"

दीदी से कोई उत्तर न पाकर वह भीतर घुस गया। किशोरी के बिखरे बाल, आँखों में आँसू देखते ही हक्का-बक्का हो गया। विस्मय से क्षण भर तो वह चुपचाप खड़ा रहा; उसके मुँह से एक भी शब्द नहीं निकले। फिर बोला, "क्या हुआ दीदी?"

किशोरी दौड़कर उसके पास खड़ी हो गई और बच्चों की तरह रामू के कन्धे पर सिर रखकर फूट-फूटकर रोने लगी।

रामनाथ ने उसके सिर पर हाथ फेरते हुए कहा, "क्या हुआ दीदी? बोलो न? रो क्यों रही हो? बोलती क्यों नहीं?"

सिसक-सिसककर किशोरी ने सारी बातें रामू से कहीं। सुनकर रामू का दिमाग़ गरम हो गया। आँखें लाल हो गईं। जवानी का खून खौल उठा। किशोरी की आँखें पोंछते हुए उसने कहा, "रो मत दीदी! अभी तो मैं जीवित हूँ। भाई के सिवा बहन की रक्षा कौन करेगा? तुम कुछ भी भय मत करो। मैं इसका इन्तज़ाम कर दूँगा। मेरे रहते तुम्हारे ऊपर कोई आँख नहीं उठा सकता। चाहे ज़मींदार चाहे और कोई। घबड़ा मत, दीदी।"

इतना कहकर उसने लाठी उठाई और धीरे से कहा—"अभी सब समाप्त हो जाएगा। फिर डर का कोई काम नहीं रहेगा।"

किशोरी मारे भय के काँप उठी। उसने रामू के शब्द सुने और क्षण-भर में उसके मस्तिष्क में सब कुछ स्पष्ट हो गया। भावी आशंका से एकबारगी उसका नारी-हृदय काँप उठा। उसने जल्दी से आँसू पोंछ लिए और रामू का हाथ पकड़कर घबड़ाहट के स्वर में बोली—"नहीं भैया नहीं, अभी कहीं जाना नहीं होगा। बैठो।"

किशोरी के इन भयमिश्रित शब्दों को सुनकर और उसके चेहरे को देखकर रामू चुपचाप बैठ गया। किशोरी चुपचाप खड़ी रही। उसके हृदय में दुःख, ग्लानि, और बेचैनी थी। उसे अपनी कोई भी चिन्ता नहीं थी पर रामू की चिन्ता से, उसके

शब्दों से वह काँप उठी थी। उसने कई बार सोचा भी था और निश्चय भी किया था कि शिव बाबू की बात वह रामू से नहीं कहेगी। वह रामू को जानती थी। उसे भय था कि इन बातों को सुनकर भैया कोई अनर्थ न कर बैठे। पर रामू को देखकर, उसके स्नेह-युक्त वचनों को सुनकर, वह अपने को नहीं रोक सकी और धीरे-धीरे उसने सब घटनाएँ रामू से कह दीं। अब उसे अपनी भूल मालूम हुई। क्यों उसने रामू से ये बातें कहीं? यही प्रश्न बार-बार उसके हृदय में हथौड़े की तरह चोट मार रहा था। अगर भैया से वह ये बातें न कहती तो कितना अच्छा होता! बार-बार उसे अपने ऊपर ग्लानि हो रही थी। वह सोचती—कहीं भैया उन्माद की अवस्था में अपनी लाठी से ज़मींदार को...। इसके आगे वह न सोच सकती। उसकी आँखों से भय, दुःख और वेदना के आँसू गिरने लगे। पर चिड़िया हाथ से निकल चुकी थी।

शाम तक रामू को किशोरी ने कहीं न जाने दिया। जब अन्धकार होने लगा और सब चरवाहे घर को लौटने लगे तब कहीं उसने रामू को छुट्टी दी।

रामू कहीं नहीं गया; चुपचाप जाकर अपने घर पर बैठकर गया और परिस्थिति पर विचार करने लगा। उसका मन कभी यह अपमान सहने के लिए तैयार न होता था। वह बार-बार सोचता कि क्या करना चाहिए और बार-बार उसके मन से आवाज़ आती 'खून'। फिर सोचता—क्या और कोई रास्ता नहीं है? उसके हृदय से आवाज़ आती—'नहीं।' तुमने अपनी बहिन की रक्षा की प्रतिज्ञा की है रामू तुम्हें उसका पालन करना चाहिए। बार-बार यह सोचता कि कैसे उसने मेरी बहिन से ऐसा कहने का साहस किया? मेरी किशोरी से। क्या यह चुपचाप बैठने का समय है?

और किशोरी? वह तो इतनी घबड़ा गई कि उसे प्रतीत होने लगा मानो उसका हृदय फट जाएगा। वह जानती थी कि रामू अपने क्रोध में किसी की परवाह नहीं करता है। कहीं अनर्थ न हो जाए, यही भय उसे परेशान कर रहा था।

मध्यरात्रि का समय था। चारों तरफ अन्धकार छाया हुआ था। दिन भर के थके-माँदे किसान निद्रा में मग्न थे। पर रामू—पागल रामू—की आँख में नींद नहीं थी। कोई दैवी गति बार-बार कहती 'उठो, रामू उठो।' जवानी का खून गरम होता है। मनुष्य उस अवस्था में समझ-बूझकर काम करना नहीं चाहता और चाहने की बात भी नहीं होती है। रामू जवान है। उसके लहू में आग है! वह अपमान नहीं सह सकता। और वह भी बहिन का अपमान! किशोरी बहिन का अपमान।

वह रह-रहकर करवटें बदल रहा था। उसी के पास उसकी प्रिय लाठी रखी हुई थी। बार-बार हाथ बढ़ाकर देख लेता था कि लाठी है या नहीं। सहसा वह उठ खड़ा हुआ। जल्दी से उसने लाठी उठाई और गाँव की उत्तर तरफ़ चल पड़ा।

थोड़ी देर बाद वह शिव बाबू की छावनी पर पहुँच गया। चारों तरफ अन्धकार

था। केवल भीतर एक कमरे से धीमी-धीमी ज्योति निकल रही थी। रामू ने यह सब कुछ देखा। उसने सोचा आज केवल शिव बाबू को डरा दूँगा। उनसे कह दूँगा कि अब कभी वे गाँव में पैर रखने का साहस न करें। यही ठीक होगा। यह सोचकर वह उस रोशनी की तरफ़ बढ़ा।

पास ही खिड़की के पास खड़े होकर उसने देखा कि शिव बाबू मसनदों के सहारे लेटे हैं और उनके पास उनके दो सिपाही भी घुटनों के बल बैठे हैं। शिव बाबू उनसे धीरे-धीरे कुछ कह रहे थे। रामू नज़दीक जाकर खड़ा हो गया और ध्यान से सुनने लगा। उसे साफ सुनाई दिया, "देखो, चाहे जिस तरह हो छाँगुर की लड़की किशोरी को यहाँ लाना ही होगा। यहाँ से फिर उसे कहीं दूसरी जगह भेजने का बन्दोबस्त मैं कर लूँगा। इसके लिए जितना खर्च होगा मैं दूँगा। काम हो जाने पर तुम लोगों को भी काफ़ी इनाम दूँगा।"

उनमें से एक ने कहा, "सरकार काम तो जोखम का है पर हम लोग कोशिश करेंगे।" इतना कहकर उसने अपने दूसरे साथी की ओर देखा।

जमींदार ने कहा, "देखो, कल रात में उसके घर के पीछे से उसे लाना। किसी को कानोकान खबर भी नहीं पहुँचेगी। सब यही समझेंगे किशोरी किसी के साथ भाग गई! याद रहे लाते समय मुँह में कपड़ा ठूँस देना नहीं तो वह बिना चिल्लाए नहीं मानेगी।"

इसके बाद फिर धीरे-धीरे बातें होने लगीं जिसको रामू प्रयत्न करने पर भी नहीं सुन सका। रामू ने देखा जमींदार ने उनके हाथ पर दस-दस के चार नोट दिए हैं और बोला, "काम हो जाने पर जितना इनाम चाहोगे उतना दूँगा।" थोड़ी देर में दोनों सिपाही बाहर चले गए।

इन बातों को सुनकर रामू के शरीर में आग लग गई। वह काँप उठा। उसकी आँखें लाल हो गईं। अपनी किशोरी के उड़ाने की बात सुनकर वह अपना सारा विवेक भूल गया। वह भूल गया वह जमींदार को केवल डराने आया है! वह भूल गया वह क्या करने जा रहा है और इसका परिणाम क्या होगा। उसी उन्माद की अवस्था में उसने लाठी उठाई और जाकर धड़ से एक लाठी जमींदार के सिर पर मार दी।

शिव बाबू का सिर फूट गया। ज़ोर से खून की धारा सिर से बहने लगी। एक बार—"अरे बाप! खून! दौड़ो!" कहकर शिव बाबू ज़मीन पर लुढ़क पड़े। रामू ने दूसरी लाठी जमाई और एक बार घृणा से उनकी तरफ देखा और चुपचाप बाहर निकल गया।

शिव बाबू की आवाज़ सुनकर तीन-चार आदमी दौड़े हुए आए। उनकी यह अवस्था देखकर 'खून! खून!' कहकर चिल्लाने लगे। क्षण भर में बहुत से लोग आ गए। रामू उसी तरह चुपचाप जा रहा था। उसे देखकर कुछ लोग चिल्लाए

भी—"पकड़ो! पकड़ो!" पर किसी का भी साहस नहीं हुआ। सब लोग एक-दूसरे की तरफ़ देखते रह गए।

(5)

रामू चुपचाप अपने घर आया और लेट गया। उसने एक खून किया है, उसे ज़रा भी अनुभव नहीं हो रहा था। उसे ऐसा मालूम हो रहा था मानो उसने कोई विशेष काम नहीं किया है। क्षण भर पहले उसके हृदय में जो एक हलचल मची हुई थी वह अब शान्त हो गई थी। उसका हृदय हल्का था और शीघ्र ही नींद आ गई।

सूर्य निकलने से पहले ही दारोगा ने आकर रामू को गिरफ्तार कर लिया। रामू ने कुछ भी नहीं कहा। दारोगा को देखकर उसे न घबराहट हुई और न प्रसन्नता। वह चुपचाप खड़ा रह। दारोगा ने जब पूछा तब उसने सब बातें साफ़-साफ़, सही-सही बता दीं। अपने ब्यान में न वह कहीं रुका, न कहीं झिझका। उसने अपना अपराध शान्तिपूर्वक स्वीकार कर लिया। थानेदार साहब ने कितने ही अपराधियों को देखा था पर ऐसा अपराधी उन्हें आज तक दिखाई नहीं दिया था। इस अद्‌भुत अपराधी को देखकर उनके आश्चर्य की सीमा न रही।

सारे गाँव में यह ख़बर बिजली की तरह फैल गई। बहादुर महतो ने सुना तो उनकी आँखों में अँधेरा छा गया। दौड़े हुए पागलों की भाँति घटनास्थल पर पहुँचे। रामू को देखकर उनकी आँखों से आँसू गिरने लगे। फिर भी उन्होंने उसे रोका और अपने पुत्र को सान्त्वना देने के लिए उसके सिर पर हाथ रखकर कहा, "घबड़ाओ नहीं बेटा" पर इतना कहने पर भी वे अपनी घबराहट नहीं छिपा सके और उनकी आँखों से आँसू गिरते ही रहे।

किशोरी को रातभर नींद नहीं आई थी। वह बार-बार सोचती रही भैया कहीं अनर्थ न कर दें। सुबह यह समाचार सुनते ही उसका शरीर सुन्न हो गया। उसे ऐसा प्रतीत हुआ मानो सारा संसार घूम रहा है। और वह एकाएक बेहोश होकर गिर पड़ी।

थोड़ी देर बाद सिपाही रामू को ले चले। गाँव के लोग एकटक देखते रहे। रामू को सभी प्यार करते हैं यह आज सबने जाना और सबकी आँखों से आँसू गिरने लगे।

(6)

बहादुर महतो और छँगुर महतो भाई की तरह साथ-साथ मिलकर दौड़-दौड़ शहर जाते। छाँगुर महतो ने जितना रुपया जुटा रखा था सब खर्च कर दिया। और बहादुर महतो—उनका तो रामू सर्वस्व ही था। अपने प्राण देकर भी उसके प्राण बचने की सम्भावना होती तो वे न चूकते। दोनों महतो पागल हो रहे थे। इधर-उधर शहर

में वकील-बैरिस्टरों के यहाँ दौड़ते। उन्हें न खाने की फ़िक्र थी, न सोने की चिन्ता। उन्हें एक ही चिन्ता थी, रामू बच जाए।

और किशोरी? सबसे दुःखी शायद किशोरी ही थी। रामू की गिरफ़्तारी के बाद वह भी रामू के यहाँ रहने लगी थी। रामू की माँ उसे कुछ भी नहीं कहतीं। वे उसे सदा बेटी की तरह जानती थीं। और आज भी उनका स्नेह किशोरी पर से कम नहीं हुआ था। पर किशोरी के लिए यही स्नेह, यही प्रेम सबसे बड़ा अभिशाप था। वह चाहती थी कि रामू की माँ उसे बुरा-भला कहें, गाली दें। पर उसके स्थान पर जब उसे माँ का प्रेम मिलता तो वह अपने आँसू नहीं रोक पाती। उसे भोजन अच्छा नहीं लगता। कभी-कभी दो-दो तीन-तीन दिन पर खाती। चुपचाप बैठी आकाश की तरफ़ देखा करती। उसे बार-बार ऐसा प्रतीत होता मानो वही इन सब विपत्तियों की जड़ है। अगर वह रामू से ये बातें न कहती तो ऐसा न होने पाता। उसे अपने ऊपर घृणा हो गई थी। जब वह तोते को देखती तो अपने हृदय की धड़कन को नहीं रोक पाती। उसे ऐसा प्रतीत होता मानो उसका कलेजा फट जाएगा। उसका शरीर सूखकर काँटा हो गया। बेचारा तोता भी दुर्बल हो गया था। उसकी बोली में भी अब वह प्रेम, वह लोच नहीं रह गया था। न कोई उसको खाना खिलाने वाला था और न कोई उसे स्नेह से बोलने वाला। कभी-कभी उसके मुँह से निकलता 'दीदी, भैया' और तब किशोरी का मुँह चमक उठता और वह समझती भैया आए हैं। वह दरवाज़े की तरफ़ देखने लगती पर उसी समय उसे याद आता भैया तो जेल में हैं और फिर उसके आँसू अतुल वेग से बहने लगते।

इस तरह कुछ दिन बीत गए।

आज रामू के मुकद्दमे का फ़ैसला होने वाला था। वकील, मुंशी, अहलमद सब अपना-अपना काम छोड़कर इस सनसनीदार मुकद्दमे को सुनने के लिए आ डटे थे। ठीक समय पर जज साहब आकर कुर्सी पर बैठ गए। रामू हथकड़ियों-बेड़ियों में जकड़ा आकर खड़ा हो गया। उसके चारों तरफ पुलिस के सिपाही बन्दूक लिए खड़े थे। एक तरफ बहादुर महतो, किशोरी, छाँगुर, रामू की माँ और गाँव के लोग खड़े थे।

जज ने एक कागज़ उठाया। सब के हृदयों में स्पन्दन होने लगा। जज ने फ़ैसला सुनाना शुरू किया—"अपराधी ने स्वयं अपना अपराध स्वीकार कर लिया है। उसने शिवसिंह जमींदार को लाठी से आधी रात को मारा जिससे उनकी मृत्यु हो गई। यह साबित हो गया है कि अपराधी का दिमाग़ ठीक है। अपराधी कहता है कि उसने ज़मींदार को इसलिए मारा है कि जमींदार ने किशोरी नाम की लड़की की इज़्ज़त बिगाड़नी चाही थी। पर अपराधी को न्याय की शरण लेना चाहिए था। न्यायालय कभी भी ऐसी बातों को प्रोत्साहन नहीं दे सकता। मैं इसे फाँसी की सजा देता हूँ।"

किशोरी एकाएक चिल्ला उठी और दौड़कर रामू के पैरों पर गिर पड़ी। उसके मुँह से बहुत-सा खून निकल पड़ा। पृथ्वी खून—लाल खून—से तर हो उठी। जज की आँखें भी तर हो उठीं। उनके इशारे से रामू की हथकड़ियाँ खोल दी गईं। रामू ने किशोरी का सिर अपनी गोद में रख लिया और उसके आँसू पोंछता हुआ बोला, "दीदी!" किशोरी ने धीरे से आँखें खोलीं। रामू को देखकर स्नेह से बोली, "भैया!" फिर एकाएक चिल्ला उठी—"फाँसी!" फिर दूसरी बार बहुत-सा खून मुँह से गिर पड़ा। सिर एक तरफ़ लुढ़क गया आँखें पथरा गईं। मुँह खुल गया।

रामू किशोरी की तरफ़ देखता रहा। उसका शरीर किशोरी के खून से लथपथ हो गया था। पर वह इससे भयभीत नहीं हुआ। वह जानता है कि अब उसे किसी चीज़ का भय नहीं। कुछ दिनों का जीवन ही तो शेष है। उसे एक क्षण में बालपन से लेकर अब तक की अनेक घटनाएँ जो उसने किशोरी के साथ बिताई थीं नाच उठीं—वह बालपन की क्रीड़ा—वह रूठना—वह साथ-साथ का भोजन—हँसी, मनोविनोद! भाई बहिन का प्रेम रामू क्षण भर के लिए विचलित हो उठा। उसने किशोरी की तरफ़ देखा—प्राणहीन किशोरी की तरफ़। उसे ऐसा प्रतीत हुआ मानों उसका हृदय फट जाएगा! सब व्यर्थ! व्यर्थ! क्षण भर में उसे होश आया—वह बन्दी है—फाँसी का बन्दी—उसे प्रसन्नता हुई। उसने किशोरी का सिर एक तरफ़ रख दिया। हाथ जोड़कर गाँव के लोगों की तरफ़ देखा—पिता—चाचा—काका—सभी थे। सबकी आँखें तर थीं आँसुओं से—लाल थीं—खून से। फिर एकटक किशोरी की तरफ़ देखता रहा। फिर हाथ बढ़ाकर हथकड़ी पहन ली और आँसू पोंछकर सिपाहियों से भर्राए हुए स्वर से बोला, "जल्दी चलो! सब समाप्त हो गया" और आगे बढ़ गया।

मास्टर जी

तिमंजिले मकान के सामने रुकते ही मदनेश पुकारता, "लल्ली!" उसकी आवाज़ सुनते ही किसी का मधुर स्वर सुनाई देता, "लल्ली, मास्टर जी आए हैं।" उसी समय एक छोटी-सी बच्ची "मास्टर जी" कहती हुई धम-धम पैर करती सीढ़ियों पर से उतरने लगती। मास्टर को देखते ही उसके दोनों हाथ जुड़ जाते और होंठ हिलते ही एक आवाज़ निकल पड़ती, "मास्टर जी, नमस्ते!"

"खुश रहो।" मास्टर जी बोल उठते।

नीचे एक बंगला है उसी में मास्टर जी एक कुर्सी पर बैठ जाते और लल्ली अपनी किताबों का बण्डल लेकर मास्टर के सामने आ खड़ी होती।

"बैठो।" मदनेश बोलता। फिर पाठ आरम्भ हो जाता।

मास्टर जी पढ़ाने लगते, "सी, ए, टी, कैट; कैट माने बिल्ली।

लल्ली मग्न होकर याद करने लगती, 'सी, ए, टी, कैट; कैट माने बिल्ली।' मास्टर जी चुपचाप आँख बन्द कर विचार-मग्न हो जाते। उनके मस्तिष्क में तरह-तरह के विचार नाचने लगते। अच्छे-बुरे, काले, उज्ज्वल, नीले-पीले! उसी समय किवाड़ों के पास कुछ आवाज़ हो उठती। मास्टर अनिमेष नेत्रों से उसी की तरफ़ देखने लगते। इतने ही में भीतर से कोई बोलता, "नमस्ते!"

मदनेश के दोनों होंठ हिल उठते। कुछ झिझक, कुछ लज्जा से वह बोल उठता, "नमस्ते!"

इसके बाद ही फिर वह अपनी पढ़ाई में मग्न हो जाता। पर वह क्या पढ़ाता है; यह वह स्वयं भी नहीं समझ पाता।

मदनेश को इस घर में पढ़ाते हुए साल भर के क़रीब हो गए हैं। रोज़ वह एक घण्टा पढ़ाता है, इसके लिए उसे मिलते हैं चार चमकते हुए चाँदी के रुपए! जब से उसने पढ़ाना प्रारम्भ किया है। तब से लेकर आज तक उसे कुछ-न-कुछ ऐसा आकर्षण मिलता रहता है जिसके कारण वह अपना शिक्षक का कार्य नहीं छोड़ सका है। पहले तो एक-दो महीने तक कोई विशेष घटना नहीं हुई। पर उसके बाद ही एक दिन जब उसने जीने से पुकारा 'लल्ली' तो उसी समय उसे एक और

चेहरा दिखाई दिया, गोरा, सुन्दर आकर्षक। उसे देखते ही उसने अपनी आँखें नीची कर लीं। उसी समय उसे एक आवाज़ सुनाई दी थी, " 'लल्ली' मास्टर जी आए हैं!" और तब से वह रोज़ ही एक बार उसी तरह आकर पुकारता है और उसी तरह—ठीक उसी तरह से कोई कहता, "लल्ली, मास्टर जी आए हैं।" यह पुकार इतनी स्वाभाविक और आवश्यक हो गई कि उसे जिस दिन यह आवाज़ सुनाई नहीं देती, उस दिन उसे कुछ भी अच्छा नहीं लगता।

इसके कुछ दिन बाद ही से कोई आकर पढ़ाने के कमरे में फाटक के पास खड़ा हो जाता है। कभी इधर से आने-जाने में मदनेश को उसकी एक-दो झलक मिल जाती है। वह एक—छोटी-सी आह दबाकर रह जाता।

कुछ दिन तक यह चलता रहा फिर एक दिन किसी ने पुकारा, "मास्टर जी, नमस्ते!"

मदनेश का हृदय धड़क उठा। उसके हृदय के एक-एक तार बज उठे। उसकी समझ ही में नहीं आया कि वह क्या कहकर उत्तर दे। बड़ी कठिनता से वह कह पाया था, "नमस्ते!"

इसके बाद रोज़ उधर से आवाज़ आती, "मास्टर जी नमस्ते!" और वह धड़कते हुए हृदय से उत्तर देता "नमस्ते!"

कुछ दिन बीत गए। रोज़ मदनेश जानना चाहता है कि यह कौन-सी नारी है। नाम, परिचय कुछ जानना चाहिए ही! वह रोज़ प्रयत्न करता पर रोज़ संकोच से कुछ पूछ न पाता।

एक दिन वह पूछ ही बैठा लल्ली से। किताब के पास खड़खड़ाहट नहीं थी। उसने धीरे से पूछा, "लल्ली, ये कौन हैं?"

"कौन?" लल्ली ने पूछा।

"यह जो रोज़ किवाड़ के पास बैठती हैं?"

"मेरी अम्मा।"

"अम्मा?" मदनेश ने आश्चर्य से पूछा। उसे सहसा विश्वास नहीं हुआ कि एक 20-21 वर्ष की लड़की के एक 7-8 वर्ष की लड़की हो सकती है।

"ख़ास मेरी माँ नहीं हैं।" लल्ली ने दबे कण्ठ से कहा।

"फिर?" मदनेश ने साँस रोककर पूछा।

"मेरी माँ के मरने के बाद पिता जी ने दूसरी शादी की है। जानते हैं मास्टर जी, पिता जी कहते हैं कि यह मेरी चौथी अम्माँ हैं।"

"तुम्हारी अम्माँ को सब लोग क्या कहते हैं लल्ली?" मदनेश ने पूछा।

"बहू जी।" लल्ली का छोटा-सा उत्तर था।

"हूँ!" कहकर मदनेश रुक गया और इसके कुछ एक क्षण बाद ही फिर पाठ आरम्भ हो गया, "आर, ए, टी, रैट; रैट माने चूहा!"

एक दिन मदनेश लल्ली को पढ़ा रहा था। इतने में किसी ने किवाड़ की आड़ से कहा, "लल्ली बेटी! यह ले जाओ।" और देखते-देखते मास्टर जी की मेज़ के सामने चमकती हुई, सजी हुई तश्तरियाँ चमक उठीं! नौकर पानी दे गया। मदनेश एकटक देखता रहा। उसे आश्चर्य हुआ। यह तो एकदम नया ही तमाशा था!

"यह सब क्या होगा लल्ली?" मदनेश पूछ ही बैठा।

जवाब आया भीतर से, "नाश्ता कीजिए मास्टर जी। यह सब आप ही के लिए है।"

"मेरे लिए? इतनी तकलीफ़ करने की ज़रूरत क्या थी?"

"तकलीफ़ क्या है। आप तो घर के ही आदमी हैं! शुरू कीजिए!"

"नहीं-नहीं।" करने पर भी उसे खाना ही पड़ा। इतना स्नेह, इतना प्यार उसे कभी भी नहीं मिला था।

एक दिन बहू जी पूछ ही बैठीं, "मास्टर जी, आपके पिता जी शायद यहाँ नहीं रहते हैं?"

"मेरे पिता नहीं हैं।"

"माता होंगी?"

"नहीं!"

"बहिन?"

"नहीं।"

"भाई।"

"नहीं।"

"और कोई।"

"कोई भी नहीं।"

"कोई भी नहीं!" बहू जी भर्राये हुए स्वर से बोलीं।

"नहीं" मदनेश ने आँखें पोंछते हुए कहा। उस अभागे के लिए किसी के हृदय में प्यार है, स्नेह है; यह सोचकर यह जानकर, उसे शान्ति मिली।

इसके बाद ही उसके प्रति बहू जी का प्यार और भी बढ़ गया। तनख्वाह चार से पाँच हो गई। मास्टर जी कभी यहीं खाना खाते, कभी नाश्ता करते। बहू जी अब उनसे परदा नहीं करतीं। वह ऊपर के बहू जी के ख़ास कमरे में बैठता और वहीं लल्ली को पढ़ाता। बहू जी भी बैठी रहतीं। कभी-कभी दोनों अकेले में बातें करते। सेठ जी अपनी इस पचास वर्ष की उम्र में अपनी दुकान से दिन में आकर अपनी पत्नी और पुत्री को देखने की कोई आवश्यकता नहीं समझते!

कभी-कभी मदनेश सोचता कि बहू जी उससे स्नेह करती हैं, बहुत स्नेह! पर उसे स्वयं इस बात पर विश्वास नहीं होता। 'कहाँ मैं, कहाँ वे!' कहकर हँस पड़ता अपनी मूर्खता पर।

बरसात के दिन आ चुके थे। मेघों की कमी नहीं थी और न वर्षा की। मास्टर जी ऊपर के कमरे में बैठे पढ़ा रहे थे। कुछ क्षण बाद ही बहू जी ने कहा, "जा बेटी नीचे बैठकर पाठ्याद कर!"

"अच्छा" कहकर लल्ली नीचे चली गई। मदनेश बैठा रहा। बहू जी चारपाई पर लेटी रहीं। "यहाँ आइए मास्टर जी" कहकर उन्होंने मदनेश का हाथ खींचकर अपने पास बिठा लिया। मदनेश आकर चुपचाप पास ही चारपाई पर बैठा रहा। उसने साफ़ देखा, वासना अपनी अन्तिम सीमा पर पहुँच चुकी है। उसके हृदय में भी वैसे ही तार बज उठे। बहू जी एकटक उसकी तरफ़ देख रही थीं। मदनेश का हृदय काँप उठा। उसके हृदय में संघर्ष होने लगा। वासना और संयम का, पाप और पुण्य का। धीरे-धीरे पाप का पलड़ा भारी होने लगा।

इतने में लल्ली ने सीढ़ी पर चढ़ते हुए कहा, "अम्माँ!"

"चलो नीचे बैठो, अभी आती हूँ।"

लल्ली चली गई, बहू जी बैठी रहीं और मास्टर जी भी। सहसा मास्टर जी उठ खड़े हुए। उनकी आँखें चमक उठीं। जल्दी-जल्दी वे दरवाज़े की तरफ़ बढ़ने लगे।

"मास्टर जी!" बहू जी ने पुकारा, परन्तु मास्टर जी के पाँव बढ़ते ही गए। वे धड़धड़ाते हुए सीढ़ियों के नीचे उतरते गए। बहू जी कहती जा रही थीं, "मास्टर जी, सुनिए तो! सुनिए तो!" पर मास्टर जी ने सुना ही नहीं, वे सीढ़ियों से नीचे उतर गए। बहू जी भी नीचे उतरीं। वे एकटक देखती रहीं, मास्टर जी बढ़ते ही रहे।

सड़क पर उतरे, फिर भी न रुके और फिर क्षण ही भर में अदृश्य हो गए। दूसरे दिन बहू जी ने सोचा कि मास्टर जी फिर आएँगे। वे प्रातः से ही उनकी प्रतीक्षा करती रहीं, पर वे न लौटे। एक, दो, तीन चार दिन—महीने बीत गए, पर कोई न लौटा।...साल...वर्षों बीत गए, पर आज भी किसी नारी की आँखों से दो बूँद आँसू गिर जाते हैं।

"मास्टर जी फिर आएँगे!" कोई सोचता है पर कौन जाने फिर वे कभी लौटेंगे?

पेट की ज्वाला

बिस्तर से उठकर खिड़की खोलते ही मैंने देखा सन्ध्या होने में अब अधिक देर नहीं है। सूर्य की अन्तिम किरणें पश्चिम में खेल रही हैं। यह देखते ही न जाने क्यों मेरा हृदय किसी अज्ञात आशंका से भर उठा। जीवन की अनेक दुःखमय घटनाएँ जिन्हें मैंने कश्मीर में भूलने का प्रयत्न किया था मेरी आँखों में नाच उठीं! तीन सप्ताह कश्मीर में बिता चुका था। दिन भर इधर-उधर मारा-मारा फिरता! कभी दिन भर डल लेक पर बैठा रहता, कभी पहाड़ी पर चढ़ता ही जाता, फिर भी मेरा अशान्त हृदय शान्त नहीं हो सका। मेरा मन ऊब उठा था और रह-रह कर मुझे अपने देश की याद आ रही थी। वह देश काश्मीर के समान सुन्दर नहीं है, यह मैं जानता था। पर मातृ-भूमि का प्रेम मुझे बार-बार अपनी ओर खींचने लगा। इन्हीं सब उलझनों को सुलझाने की इच्छा से बिना किसी ध्येय के छड़ी हाथ में लेकर, मैं घूमने के लिए निकल पड़ा।

श्रीनगर की सुन्दर-सुन्दर सड़कों को पार करता हुआ मैं शहर के बाहर चला आया। सामने 'डल' लेक अपनी सुन्दर पहाड़ियों से घिरी हुई मन को मोह रही थी। उसमें मदमस्त झूमती हुई नौकाओं को देखकर हृदय नाच उठा था। सामने ऊँचे-ऊँचे पहाड़, उन पर के सुन्दर विशाल देवदार के वृक्ष हृदय को मोहित कर देते थे! इन सब दृश्यों को देखकर मैं एकाएक चिल्ला उठा, "ओह, कश्मीर कितना सुन्दर है! यहाँ पग-पग पर प्रकृति का सौन्दर्य है, लोग प्रसन्न हैं। ऐसा प्रतीत होता है मानो यही वह स्वर्ग है, जिसकी प्रशंसा ग्रन्थों में की गई है। यहाँ हमारे प्रदेश के किसानों के समान ग़रीबी नहीं है, यहाँ सभी सुखी हैं, मस्त हैं! और इन प्राकृतिक दृश्यों के बीच रहकर कौन दुःखी रह सकता है? एक हमारे प्रदेश के किसान हैं, जो प्रातः से सन्ध्या तक काम किया करते हैं फिर भी उनके मुँह पर कभी हँसी खेलती नहीं दिखाई पड़ती! उनके चेहरे से एक वेदना टपकती है और वाणी से परवशता...।"

पर उस समय मैं यह ख़्याल नहीं कर सका था कि यह श्रीनगर है! कश्मीर की राजधानी, जहाँ सारे कश्मीर का वैभव, कश्मीर की श्री, एकत्रित कर दी गई है।

अपने विचारों में डूबा हाथ की छड़ी घुमाते हुए, कश्मीर के सुरम्य पहाड़ों

और उनके ऊपर लम्बे-लम्बे देवदार के वृक्षों को देखता हुआ, मैं तीन-चार मील आगे चला आया हूँ, इसका मुझे ध्यान ही नहीं रहा। आँखें उठाकर देखा, सामने पहाड़ी के ऊपर कुछ टूटे-फूटे घर बने हुए हैं। बड़ी ज़ोर की प्यास लग रही थी; सोचा, शायद वहाँ पानी मिल जाए। इसी कारण पैर बढ़ाकर मैं पहाड़ी पर चढ़ने लगा।

पास पहुँचकर मैंने देखा, आठ-दस छोटे-छोटे घर बने हुए हैं। उन्हें देखकर मुझे विश्वास हो गया कि इस कश्मीर में भी हमारे प्रदेश के गाँवों और किसानों जैसे टूटे-फूटे झोंपड़ों का अभाव नहीं है। यही सब सोचता हुआ मैं आगे बढ़ता गया।

पहले झोंपड़े के पास पहुँचते ही मुझे ऐसा प्रतीत हुआ मानो कोई मनुष्य कराह रहा है। उसकी वाणी में वेदना थी, जो परवशता और दीनता की बोधक है। उस दर्द भरी कराह को सुनकर मेरा डाक्टर मन किसी तरह भी नहीं रुक सका। मैंने अपने को समझाना चाहा, 'जाने दो, तुम्हें क्या? संसार में कितने आदमी बीमार होते हैं, उनका तुमने कोई ठेका थोड़े ही लिखाया है। बढ़ो, आगे बढ़ो!' पर मेरा डाक्टर का मन किसी भी तरह नहीं मान सका और उस झोंपड़े के पास जाकर मैं रुक गया और क्षण-भर चुप रहकर बोल उठा, "भाई, कोई है?"

थोड़ी देर में एक अधेड़ स्त्री आकर मेरे सामने खड़ी हो गई। मुझे देखकर पहले तो वह घबरा गई पर थोड़ी देर बाद सँभलकर बोली, "क्या है बाबू?"

उसकी दीन अवस्था देखकर मैं हतप्रभ रह गया। उसके शरीर में कमर के नीचे एक काले रंग की घँघरी थी, जिसमें इतने पैवन्द लगे थे कि उसे देखकर ही उसकी दीन-हीन अवस्था का अनुमान भली-भाँति हो सकता था। पर्याप्त वस्त्र न होने के कारण उसके शरीर का बहुत-सा भाग साफ़ दिखाई दे रहा था। मैं एकटक उसकी तरफ़ देखने लगा। फिर अपनी स्थिति का ख़्याल कर मैं घबराकर बोल उठा, "माँ, किसी की तबीयत ख़राब हो तो मुझे दिखा दो मैं डाक्टर हूँ।"

वह स्त्री कुछ देर एकटक मेरी तरफ़ देखती रही, जैसे उसे विश्वास नहीं हो रहा था, फिर बोली, "आइए!" और घर के भीतर चली।

मैं भी उस स्त्री के साथ भीतर गया। अन्दर जाकर मैंने देखा, घर खूब साफ-सुथरा है, बड़ा भी है, पर उसमें सामान कुछ भी नहीं है। एक तरफ एक लम्बा चीथड़ों का बिछावन था, जो एकदम काला हो गया था। उसी पर एक तीन वर्ष का बच्चा सो रहा था। दूसरी तरफ़ एक टूटी तीन पैर की चारपाई थी, जिसके एक पैर का अभाव पत्थर रखकर दूर कर दिया गया था। उस पर एक मनुष्य लेटा हुआ था। जिसके मांसहीन हड्डियों का शरीर देखकर उसके मनुष्य होने में सन्देह होता था। इस दीन-हीन परिवार की यह दशा देखकर मेरा मन उदास हो गया। एक तरफ़ ये महल जिनकी पताकाएँ आकाश छूने का प्रयत्न कर रही हैं और दूसरी

तरफ़ दीन-हीन लोगों की झोंपड़ियाँ! आकाश-पाताल का अन्तर है! सामने ही श्रीनगर अपनी सुन्दर अट्टालिकाओं से सुशोभित साफ़ दिखाई दे रहा था। मैं एकटक उसी की तरफ़ देखता रहा। इस सुन्दर देश में दीनता और ग़रीबी का ऐसा विकृत रूप कैसे आ गया, यह मेरी समझ में नहीं आ सका।

मुझे इस तरह विचारमग्न देखकर वह स्त्री आश्चर्य से मेरी तरफ़ देखने लगी, पर मुझे इसका ज़रा भी ख़्याल नहीं हुआ। उसी समय उस मनुष्य ने मुँह खोला और बड़बड़ाने लगा, "नहीं-नहीं, मैं कभी अपनी प्यारी बेटी को वैसा नहीं करने दूँगा। मेरी प्यारी गुलाबी! नहीं; मर जाने पर भी वैसा नहीं होने दूँगा। क्या कहती हो, बच्चे भूखों मर रहे हैं! मरने दो। इसके लिए अपनी बेटी को इन धनी नीच कुत्तों की वासना का शिकार नहीं होने दूँगा। फिर कभी मुझसे ऐसा मत कहना...समझीं...!"

इतना कहकर वह चुप हो गया। मैं एकटक उसकी तरफ़ देख रहा इस पहेली को समझने का प्रयत्न कर रहा था। पर मेरी समझ में कुछ भी नहीं आया। केवल इतना ही विश्वास होता था कि, हो न हो इस मनुष्य के मस्तिष्क पर किसी घटना का असर पड़ा है। इतने ही में उस स्त्री ने मुझे इशारा किया। मैं उसके साथ बाहर चला आया।

भीतर से उसने एक कम्बल लाकर बिछा दिया; फिर मुझे बैठने को कहकर वह बोली, "बैठिए बाबू जी! हम ग़रीब हैं, हमारे पास कुर्सियाँ नहीं हैं।"

मैं धम्म से उस पर बैठ गया। फिर उसकी तरफ़ मुँह करके पूछा, "इनकी तबीयत कितने दिनों से खराब है?"

"एक वर्ष से।" उस स्त्री ने धीरे से कहा।

"एक वर्ष!" मेरे मुँह से अपने आप ही निकल पड़ा। फिर अपने को सँभालकर मैंने पूछा, "और बड़बड़ाहट कितने दिनों से है?"

वह स्त्री बोली, "यही तो इस बीमारी की जड़ है। बाबू जी! पहले तो सिर्फ़ बुख़ार हुआ था पर एक घटना के कारण इनका दिमाग़ ख़राब हो गया। और तब से यह इसी तरह बड़बड़ाया करते हैं। और कभी-कभी तो यही बातें जो आपने सुनी हैं कहते हुए यह रात-रात भर आँख मूँदे घूमा करते हैं, होश-हवास नहीं, पागल से।"

उस स्त्री की बात सुनकर उस घटना को जानने की मेरी इच्छा प्रबल हो उठी। और मैंने सहानुभूति के स्वर में कहा, "माँ, मुझे अगर वह घटना बता सको तो बता दो। मुझे अपना बेटा ही समझो।"

उस स्त्री की आँखों से टप-टप आँसू गिरने लगे। उसकी यह अवस्था देखकर मुझे दुःख हुआ। निराशा के स्वर में मैं बोल उठा, "रहने दो माँ! यदि उस बात को कहने में तुम्हें दुःख होता है तो रहने दो।"

वह स्त्री जल्दी से अपने आँसू पोंछकर बोल उठी, "बाबूजी, बड़ी भयानक

कहानी है। मैंने पाप किया है और शायद इसी का फल भोग रही हूँ। आज से तीन साल पहले हम लोगों की अवस्था इतनी ख़राब नहीं थी। मेरे पति पन्द्रह रुपए महीना कमाते थे। उसी में हमारा काम चल जाता था। पर थोड़े दिन हुए, जहाँ काम करते थे वहाँ हड़ताल हुई और यह नौकरी से बर्ख़ास्त कर दिए गए। उसके बाद कई जगह घूमे, इधर-उधर दौड़-धूप लगाई, पर इन्हें फिर किसी ने नौकरी नहीं दी। सब इन्हें हड़ताली, बदमाश और बहुत-सी न कहने योग्य बातें कहते, पर यह कभी इसकी परवाह नहीं करते। साल भर तो गहने बेचकर, मेहनत-मज़दूरी करके मैं घर का ख़र्च चलाती रही, पर जब मेरे सब गहने समाप्त हो गए तब मैं भय से काँप उठी। उस समय मेरे तीन बच्चे थे। एक लड़की सोलह वर्ष की, एक आठ वर्ष की और एक लड़का दो वर्ष का। इन सब का पेट पालना कठिन हो गया। बाबूजी, अपने को समझाकर तो अपनी भूख मिटाई जा सकती है, पर इन बच्चों को कैसे समझाया जा सकता था! जिस समय बच्चे रोटी-रोटी कहकर चिल्ला उठते, उस समय इच्छा होती कि इस पहाड़ी से कूदकर जान दे दूँ। और मेरे पति, ओह! यह तो पागल हो गए थे। इन्हें कहीं नौकरी नहीं मिली और नौकरी है भी कहाँ बाबूजी! हमारे पास खेत भी नहीं थे। गहने समाप्त हो चुके थे। इस अवस्था में पागलों की भाँति सिर नीचा कर रोया करते। कभी-कभी बेचैन होकर कहते, "चलो यह देश छोड़कर बाहर चले चलें।" पर हमारे पास बाहर जाने के लिए भी रुपए नहीं थे। यही सोचकर हम कहीं भी नहीं जा सके।

"इसी सोच-चिन्ता में इन्हें बुख़ार आ गया। घर में न अन्न था, न पैसा। बच्चे भूखों मरने लगे। मेरे गले में हाथ डालकर बच्चे कहते 'रोटी' और मैं एकटक उनकी तरफ़ ताकती रह जाती। उसी समय हमारे यहाँ एक बुढ़िया आने लगी। हमें इस अवस्था में देखकर वह बोली, "अरी गुलाबी की माँ भूखों क्यों मर रही हो? गुलाबी को शहर क्यों नहीं भेज देतीं? इतनी बड़ी लड़कियाँ तो दस-दस रुपए रोज कमाती हैं! और फिर गुलाबी की तरह रूप भी तो बहुत कम को मिलता है। अगर अकेले तुम्हें भेजने में भय हो तो मेरे साथ भेज दो। मैं बिना अधिक रुपए लिए कुछ भी नहीं होने दूँगी!"

"उसकी बातें सुनकर मैं काँप उठी। मुझे क्रोध भी बहुत आया। और उसे ऐसी बात मुँह से निकालने पर मैंने फटकारा भी। फिर वह बिना कुछ कहे चुपचाप चली गई। पर मेरे मन में बार-बार यही बात आ रही थी कि 'अपनी बेटी को बाज़ार में कमाने के लिए भेजो!' और यह विचार मेरे हृदय के भीतर हज़ारों बिच्छुओं के डंक मारने के समान पीड़ा देने लगा।"

इतना कहकर उसी स्त्री ने अपनी आँखें पोंछीं। मेरी आँखों से भी आँसू गिर रहे थे। पर उस स्त्री ने इस ओर कुछ भी ध्यान नहीं दिया। कुछ क्षण चुप रहकर वह बोली, "इसके बाद दो दिन और बीत गए। बच्चे भूख की ज्वाला से दिन-भर

चिल्लाते रहते। बाबू, आप इस बात को नहीं समझ सकेंगे कि भूख की ज्वाला कितनी कठिन होती है! गुलाबी ने बुढ़िया की बात सुनी थी। जब दो दिन बाद भी खाने का कुछ बन्दोबस्त नहीं हो सका और न मेरे स्वामी की दवा का ही, तब प्रातः गुलाबी मेरे पास आकर कहने लगी, 'माँ, अगर कहो तो मैं बाज़ार जाऊँ।' इतना कहकर वह फफक-फफककर रोने लगी। मैंने उसे कलेजे से लगा लिया और प्रयत्न करने पर भी मैं अपने आँसू नहीं रोक सकी।

"मैंने कितनी लड़कियों को देखा है, जो ऐसा पेशा कर अपना तथा अपने परिवार का पेट पालती हैं। पर मेरी बेटी को भी एक दिन यही नीच पेशा करना पड़ेगा, इसकी मैंने स्वप्न में भी कल्पना नहीं की थी। बुढ़िया अब भी आती और साफ़ तो नहीं, पर इशारे से फिर वही बातें दुहराती। उसको इन बातों का बहुत अनुभव था, इसलिए उसे ऐसी बातें कहने में भय नहीं होता था। दो दिन और बीत गए। बच्चे भूख के मारे रो-रोकर सो जाते। मैं और न देख सकी और फूट-फूटकर रोने लगी। गुलाबी ने यह सब देखा और मेरे पास आकर बोली, "माँ! अब नहीं देखा जाता। इस तरह रहकर सतीत्व की रक्षा मुझसे नहीं हो सकेगी। मुझे अपनी चिन्ता नहीं है, पर तुम लोगों की यह ज्वाला मुझसे नहीं सहन होती। मैं अब बाज़ार जाऊँगी!"

"इतना कहकर वह बाहर चली गई। मैं एकटक उसी की तरफ़ देखती रही। मेरा शरीर सुन्न-सा हो गया था। और इसी कारण मैं उसे रोक भी नहीं सकी।

"चार-पाँच घण्टे बाद बुढ़िया और गुलाबी लौटीं। बुढ़िया के हाथ में बहुत-सा खाने का सामान था और गुलाबी के हाथ में दस सफ़ेद चमकते हुए रुपए। उसने रुपए मेरे सामने फेंक दिए और घर के भीतर चली गई। बच्चे खाने पर टूट पड़े और जल्दी-जल्दी खाने लगे। मैं एकटक उनकी तरफ़ देखती रही। मेरा हृदय आज वेदना और पीड़ा से भर उठा, आज मेरी बेटी ने अपने जीवन की सबसे अमूल्य वस्तु खो दी थी। केवल चन्द चाँदी के टुकड़े के लिए और यह सोचकर मारे क्रोध, घृणा और वेदना के मेरा दम घुट रहा था। मैं भीतर गई। देखा गुलाबी औंधी पड़ी है, उसकी आँखों से आँसुओं की धारा बह रही है। उसकी यह दशा देखकर मैं काँप उठी। उसकी वेदना मेरे कलेजे को छूकर निकल गई। मैंने उसे उठाकर कलेजे से लगा लिया और हम दोनों फूट-फूटकर रोने लगीं।

"इसके बाद हमारा काम अच्छी तरह चलने लगा। हमारी पेट की ज्वाला शान्त हो गई थी, पर उसके स्थान पर एक वेदना और दुःख की ज्वाला आ उपस्थित हुई थी, जो शायद उससे कहीं अधिक भयंकर और भीषण थी। इसी बीच एक दिन मेरे पति ने ये बातें सुन लीं और उस कमज़ोरी की अवस्था में वे वही बातें कहकर चिल्ला उठे जो अभी आपने सुनी हैं।"

वह स्त्री एक ठण्डी साँस लेकर फिर बोली, "बाबू, आप समझ नहीं सकते,

स्त्री को अपना सतीत्व कुछ चाँदी के टुकड़ों के लिए नष्ट करने में कितनी वेदना होती है। पर संसार हमारी परवशता को नहीं समझ सकेगा। लोग हमें पापी, नीच और बदमाश कहेंगे, पर कोई भी हमारी भूख, पेट की ज्वाला को शान्त करने के लिए तैयार नहीं होता। यही रईस जो दूर-दूर से इस कश्मीर में इसकी सुन्दरता का दर्शन करने आते हैं, हमारी लड़कियों का जीवन नष्ट कर चले जाते हैं। इनके पास रुपया होता है। बाबूजी! रुपया! भूख, पेट की ज्वाला मिटाने का साधन! और हम हैं भूखे! ग़रीब! हम पैसे के लिए सब कुछ कर सकते हैं। पेट की ज्वाला के सामने, पाप और पुण्य में भेद करना हमारे लिए असम्भव हो जाता है। और उस अवस्था में मैंने जो अपनी बेटी को उस पथ पर अग्रसर होने दिया क्या वह पाप था? और आप ही बताइए न बाबूजी, इसके सिवा मेरे पास साधन ही क्या था?" इतना कहकर वह एकटक मेरी ओर देखने लगी। उसे क्या उत्तर दूँ, यह मेरी समझ में नहीं आया। मेरी आँखें आँसुओं से भर गई थीं और उन्हीं जलकणों के बीच से मैं आँखें फाड़कर उसकी तरफ़ देखने लगा। मेरी प्यास, जो अकस्मात् यहाँ तक खींच लाई थी, पता नहीं कहाँ ग़ायब हो गई थी।

थोड़ी देर तक हम वैसे ही मौन बैठे रहे। सहसा एक पहाड़ी की तरफ इशारा करती हुई वह स्त्री फिर बोल उठी, "वह देखिए, बाबूजी, गुलाबी आ रही है। मेरी बेटी! मेरी लाड़ली! जिसने हमें जीवन-दान दिया है। पर समाज उसे दुश्चरित्रा कहेगा। वही समाज जिसने हमें इस पथ पर अग्रसर होने के लिए बाध्य किया। गुलाबी ही नहीं, इस बस्ती की कितनी ही लड़कियाँ यही पेशा करती हैं। और करें नहीं तो पेट भी तो नहीं पाल सकतीं!"

मैंने आँख उठाकर देखा, दूर पर अठारह-उन्नीस वर्ष की एक लड़की, पीठ पर लकड़ी रखे जल्दी-जल्दी पैर बढ़ाती चली आ रही थी। थोड़ी देर में ही वह हमारे पास आ गई। मैं एकटक उसकी तरफ़ देखने लगा। वह भीतर चली गई। फिर अच्छे कपड़े पहनकर बाहर आई और अपनी माँ से बोली, "माँ, मैं शहर जा रही हूँ।"

मेरी आँखों में आँसू आ गए थे। उन्हें जल्दी से पोंछकर मैं बोल उठा, "चलिए, मैं भी चलूँगा। हम लोग साथ ही चलेंगे।"

गुलाबी की माँ बोल उठी, "चली जा बेटी! बाबू बड़े भले आदमी हैं।"

मैंने कहा, "अगर मैं आपके पति को देख लेता तो दवा भी भेज देता।"

वह स्त्री फिर मुझे घर के भीतर ले गई।

मैंने उस पुरुष को देखा और बाहर आकर खड़ा हो गया। वह स्त्री भी बाहर आ गई थी। उसकी आँखों से दो बूँद आँसू गिर पड़े।

मेरी आँखों में भी आँसू आ गए थे, उन्हें छिपाने के लिए सिर नीचा कर मैं आगे बढ़ गया। गुलाबी मेरे पीछे-पीछे चलने लगी।

पहाड़ियों पर से उतरकर हम सड़क पर आ गए थे। मेरा मस्तिष्क सुन्न-सा हो रहा था। गुलाबी मेरे पीछे-पीछे जल्दी-जल्दी पैर बढ़ाती चली आ रही थी। थोड़ी देर तक हम इसी भाँति चलते रहे। इसके बाद बात शुरू करने के अभिप्राय से मैंने कहा, "आपका नाम गुलाबी है?"

"जी," वह धीरे से बोली।

मैंने कहा, "आपकी माँ ने मुझे आपके विषय में सब कुछ बता दिया है।"

वह एकटक मेरी ओर देखने लगी। उसकी आँखों में कितनी वेदना थी, वह मैं आज तक नहीं भूल सका हूँ और जब कभी मुझे उसकी याद आ जाती है उस समय मेरा शरीर काँप उठता है।

थोड़ी देर तक हम मौन होकर चलते रहे। फिर मैंने कहा, "आप कैसे यह सब करने की हिम्मत करती हैं?"

उसने धीरे से कहा, "बाबूजी, ग़रीबी पर तो हमारा अधिकार नहीं। और उस पर भी जब मेरे भाई-बहन, माँ-बाप सब मर रहे हैं, उस समय मेरे शरीर का क्या मूल्य हो सकता है?"

"आपका बलिदान असह्य है।" मेरे मुँह से सहसा निकल पड़ा। उस युवती की आँखों से आँसू गिरने लगे; रुँधे हुए कण्ठ से वह बोली, "आज तक किसी ने भी मुझे पापी, नीच और दुश्चरित्र से अधिक कुछ भी नहीं कहा है!"

इतने में मेरा होटल आ गया। मैंने कहा, "आइए, मैं आपको दवा दे दूँ मेरे पास ही है।"

वह मेरे साथ-साथ ऊपर गई। मैंने उसे बिठाया, फिर अपने होमियोपैथी के बक्स से दवा निकालकर उसे दे दी। फिर मैंने मनीबेग से सौ-सौ रुपए के दस नोट निकालकर उसके लाल-लाल हाथों पर रख दिए और उसका हाथ अपने हाथ में लेकर बोल उठा, "देखिए मेरे कोई बहन नहीं है; आज से आप मेरी बहन हुईं। आपको जब किसी चीज़ की ज़रूरत हो मुझे लिखिएगा। संकोच मत कीजिएगा। पर फिर कभी यह पेशा न कीजिएगा। इन रुपयों से सिलाई-कटाई का काम प्रारंभ कर दीजिएगा।"

उसकी आँखों से आँसू झरने लगे। और वह फफक-फफककर रोने लगी। मैंने उसका हाथ अपने हाथ में ले लिया। मेरी आँखों से भी आँसू बह रहे थे।

मैंने उसे अपना पता दे दिया और उसे नीचे तक पहुँचा आया। कमरे में आकर मैंने कमरा बन्द कर लिया और फूट-फूटकर रोने लगा।

पगली की आशा

कानपुर की गलियों में मैले-कुचैले वस्त्र पहने सिर के बाल खोले एक पगली हो-हो हँसती हुई घूमती-फिरती है। उसके वस्त्र से दुर्गन्ध आती और फटे हुए वस्त्र से शरीर के अंग दिखाई देते। पर न उसे खाने की फिक्र रहती, न रहने की चिन्ता। बच्चे उसके पीछे-पीछे दौड़ते। फिर कोई उससे पूछता, "क्यों रे पगली क्या है?"

पगली रुक जाती, फिर बोल उठती, "ओह! सुना नहीं तुमने? मुझे कल रात बच्चा हुआ है।"

"कैसा बच्चा?" कोई पूछता है।

"अच्छा जी, सुन्दर-गोरा...।"

सहसा उसे अपने बच्चे की याद आ जाती। वह वहीं बैठ जाती। आँसू उसकी आँखों से बहने लगते।

लड़के तालियाँ बजा-बजाकर नाचने लगते। उसे सुनते ही पगली हो-होकर हँस पड़ती और एक पतली छड़ी लिए कानपुर की सड़कों पर दौड़ने लगती। उसके मुँह से निकलता रहता, "मुझे कल रात बच्चा हुआ है।"

कोई पूछता, "सच?"

वह बोल उठती, "हाँ जी, वे मुझे बहुत प्यार करते हैं। मेरे देवता हैं न!"

वह फिर हो-हो कर हँसती हुई दौड़ने लगती!

आज से तीस वर्ष पहले विवाह के दिन थे। विवाहों की धूम थी। कोई दिन न बचा होगा जब दो-चार शादियाँ न हुई हों। कोई गाँव, कोई शहर, कोई क़सबा न बचा होगा जहाँ एक-दो शादियाँ न हुई हों। सन्ध्या को अपनी माँ की गोद में बैठती हुई मुन्नी पूछ ही बैठी, "क्यों माँ, ये लोग कहाँ जा रहे हैं?"

दरवाज़े के सामने से ही गले में कण्ठा, आँखों में काजल, सिर पर पगड़ी बाँधे, जामा-जोड़ा पहने दूल्हा पालकी पर बैठे, कहारों के कन्धों पर विराजमान चले जा रहे थे। उसके पीछे बाजे, झण्डियाँ, बाराती सभी कुछ।

"यह बारात है बेटी," माँ ने दूल्हे की तरफ़ देखते हुए उत्तर दिया।

"क्यों जा रहे हैं माँ?"

"विवाह है बेटी रानी।"

"किसका विवाह?"

"वही जो पालकी पर बैठा है।"

"अच्छा माँ, सबका ब्याह होता है?"

"हाँ बेटी, सबका ब्याह होता है।"

"हमारा भी ब्याह होगा माँ? कब होगा? अभी कर दो न?" उत्साह से लड़की ने कहा।

बेटी के गाल पर धीरे से चपत लगाते हुए माँ ने कहा, "अरे अभी ब्याह करेगी! जब बड़ी हो जाएगी तब ब्याह करूँगी!"

"कब बड़ी होऊँगी माँ?"

"सात-आठ वर्ष में। अभी तो तेरी उम्र सात-आठ वर्ष की ही है।"

"किससे ब्याह होगा मेरा?"

"एक सुन्दर लड़के से।"

"अच्छा। माँ, ब्याह क्यों होता है?"

"बेटी रानी, जब लड़कियाँ बड़ी हो जाती हैं तब उनके घर के लोग उनका ब्याह उन्हीं के बराबर के लड़कों से कर देते हैं। वे उन्हें खूब प्यार करते हैं। फिर लड़के होते हैं, बच्चे होते हैं।"

"सच?"

"हाँ बेटी।"

"फिर तो हमारा ब्याह होगा तब हमें भी कोई खूब प्यार करेगा न?"

"हाँ, खूब प्यार करेगा।"

"फिर बच्चे भी होंगे न?"

"बच्चे भी होंगे।"

"तब तो माँ गुड्डे-गुड्डियों की ज़रूरत नहीं होगी न?"

"तब क्या होगी बेटी? जब तो उन्हीं की शादी करेगी। तुझे छुट्टी भी नहीं मिलेगी। दिन-रात काम करना पड़ेगा।"

मुन्नी उत्साह से अभी तक उसी बारात की तरफ़ देख रही थी! इतने में एक दूसरी बारात आ निकली, ठीक वैसे ही पर उसके साथ थी एक मनुष्य-पद-चलित बन्द गाड़ी, जो कहारों की 'हूँ-हाँ' से बढ़ती चली जा रही थी।

उसे देखते ही लड़की ने कहा, "यह क्या है माँ?"

माँ ने आँखों के आँसू रोककर कहा, "यह बहू है न बेटी।"

"बहू क्या माँ?"

"जब लड़की की शादी हो जाती है तब वह इसी तरह अपने पति के घर जाती है।" माँ ने समझाया।

सहसा लड़की ने माँ की तरफ़ देखा। माँ की आँखों में आँसू आ गए थे।

"तुम तो रो रही हो माँ!"

"नहीं बेटी।" माँ ने छिपाना चाहा।

"नहीं क्या? साफ़ तो देख रही हूँ। क्यों रो रही हो, बताओ न?"

"बेटी, तुम्हारा एक भाई तुमसे बड़ा था। अगर रहता तो आज उसकी भी इसी तरह बहू आई होती।" कहते-कहते माँ की आँखें छलछला आईं।

"उसका क्या हुआ माँ?"

माँ कुछ नहीं बोली, वह चुपचाप बैठी रही। उसकी आँखों से आँसू गिरते ही रहे। माँ दुःखी है, यह सोचकर लड़की भी कुछ नहीं बोली।

10 वर्ष बीत गए। जीवन ने पलटा खाया। वह बालिका मुन्नी अब बालिका नहीं है। वह युवती है। उसके अंग-अंग से यौवन मानो फूट पड़ता है। ऐसा प्रतीत होता है, मानो भगवान् ने उसे स्वयं इतना सुन्दर और आकर्षक बनाकर घर में भेज दिया है। अब उसके हृदय में वह चंचलता नहीं है। वह अब अपनी माँ की गोद में नहीं बैठती है। पर इतना समय, इतना जीवन, इतनी उत्ताल तरंगों को पार करने के बाद भी वह अपनी माँ की बात को भूल नहीं पाई है।

आज भी उसके हृदय में हूक उठती है, कोई उसे प्यार करता। बपचन में उसने अपनी माँ से पूछा था कि कोई उसे कितना प्यार करेगा, पर वही बात आज पूछने का उसे साहस नहीं होता। वह मारे लज्जा के उस बात को आज ज़वान पर नहीं ला सकती। पर हृदय की वह चाह, वह आशा वह भुला नहीं सकी है।

बचपन में मुन्नी ने गुड़ियों को अपनी सन्तान मानकर उनका ब्याह किया है, उनको डाँटा है, पढ़ाया है, छोटे-छोटे बच्चों को लेकर घण्टों हृदय से चिपकाया है। ऐसे ही उसने अपने जीवन के कितने ही मधुर क्षण व्यतीत कर दिए हैं।

बराबर वह अपने मधुर जीवन का स्वप्न देखती आई है, जहाँ उसका एक छोटा-सा संसार होगा, जहाँ दो प्राणी होंगे—एक वह और एक और कोई अपना। वह उसे प्यार करेगा—बहुत प्यार। फिर बच्चे होंगे। सुन्दर-सुन्दर। घर भर जाएगा। फिर बच्चों का ब्याह होगा, बहुएँ आएँगी! समय नहीं मिलेगा! बूढ़ी हो जाएगी! कोई दादी कहेगा, कोई अम्मा!

कभी घण्टों वह अपने विवाह के विषय में सोचती। ऐसे ही घण्टों उसने अपने जीवन के दिन बिताए हैं।

कभी उसकी सखियाँ विवाहित होकर आतीं। तब वह उनसे नाना प्रकार के प्रश्न पूछती। कभी वह पूछती, "क्यों जी, वे तुम्हें प्यार करते हैं?"

सखियाँ कुछ लजाती हुई उत्तर देतीं, "हाँ जी वे मुझे बहुत प्यार करते हैं!

एक रोज ज़रा-सा सिर में दर्द हो गया था, घण्टों बैठे ही रहे।''

मुन्नी इन बातों को सुनती। नाना प्रकार के प्रश्न वह उनसे पूछती। उसके हृदय में एक अजीब-सा दर्द, एक विचित्र-सी पीड़ा होने लगती। उस रात उसे नींद न आती, सोचती रहती, कोई उसे भी प्यार करता।

अन्त में वह समय आ पहुँचा। ढोल-बाजे के साथ मुन्नी एक ही रात में बहू बन बैठी, किसी की चाची, किसी की भाभी, किसी की पत्नी! मुन्नी ने एक बार चकित होकर देखा, उसका जीवन एकदम परिवर्तित हो गया। एक नया संसार उसकी आँखों के आगे चमक उठा।

एक वर्ष बाद मुन्नी झाँसी से अपने घर लौटी। शरीर गहनों से लदा था। एक-से-एक बढ़िया कपड़े, सुन्दर, आकर्षक बहुमूल्य। सखियों ने देखा, गाँव के लोगों ने देखा। सबकी आँखें चकाचौंध हो उठीं। सखियों ने मुस्कराते हुए पूछा, ''क्यों जी, वे तुम्हारे तुम्हें मानते हैं न?''

मुन्नी ने ठीक अपनी सखियों की तरह ही जवाब दिया।

''हाँ जी, वे मुझे बहुत मानते हैं।''

किसी ने पूछा, ''और उनके पास आराम तो होगा ही।''

मुन्नी ने सिर नीचा किए ही जवाब दिया, ''हाँ जी, मुझे इसकी कमी नहीं है। 50 रुपया महीना पाते हैं। उस पर रोज़ दस-पाँच की आमदनी है। जो कुछ पाते हैं सब लाकर मेरे सामने रख देते हैं। फिर उसका क्या हुआ, इतना भी नहीं पूछते।''

एक ने पूछा, ''उनका नाम क्या है।''

दूसरी ने हँसकर कहा, ''अरी अभागी अपने पति का भी कोई नाम लेता है।''

मुन्नी ने कहा, ''उनका नाम भगवान का नाम है।''

''रामचन्द्र'' एक ने कहा।

''नहीं जी गोपियों वाले।'' मुन्नी ने कहा।

''श्रीकृष्ण।''

''नहीं, दूसरा।'' मुन्नी ने हँसकर कहा।

''गोपाल।'' एक ने कहा।

''हट।'' इस पर खूब हँसी हुई।

सबने सुना। इस गँवई-गाँव में ऐसा किसका भाग्य है? सबों ने दाँतों-तले अँगुली दबाई! ''मुन्नी भाग्यवती है।'' सबने एक ही स्वर में कह डाला। गाँव के लोगों ने आ-आकर मुन्नी के कपड़े देखे, गहने देखे। मुन्नी बड़े चाव से उनको

दिखाती उनकी क़ीमत बताती।

दो-तीन महीने में मुन्नी के कोई अपने आकर उसे बुला ले गए।

मुन्नी सुखी थी, प्रसन्न थी। कोई उसे प्यार करता है, उसकी वह इच्छा पूरी हो गई थी। फिर भी एक इच्छा जो बचपन में उसके मन में जड़ जमा चुकी थी, अपूर्ण थी। वह थी पुत्र की कामना। यह इच्छा दोनों पति-पत्नी के हृदय में नर्तन किया करती।

कुछ दिन बाद मुन्नी गर्भवती हुई। दोनों पति-पत्नी की प्रसन्नता का ठिकाना नहीं था। महीनों वाद-विवाद के पश्चात् दोनों ने इसका नाम तय किया।

मुन्नी के पतिदेवता हँसकर कहते, "ओहो अब तो आप श्रीमती माताजी होने जा रही हैं।"

मुन्नी पहले तो नाराज़ हो जाती, फिर अपने को सँभालती और बोल उठती, "और हुजूर पिता होने जा रहे हैं।"

"जी।"

"जी।"

दोनों हँस पड़ते।

मुन्नी कहती, "क्यों जी, कुछ दावत-वावत करनी ही होगी।"

"हाँ-हाँ।"

"फिर ख़र्च-वर्च लिख लो!"

"हाँ, यह ठींक होगा।"

फिर दोनों मिलकर खर्च तय करते! इतने का घी लगेगा। आटा-चावल, तरकारी आदि सबका हिसाब लग जाता।

मुन्नी कहती, "देखो, मुझे तो होश न रहेगा, पर जब बच्चा हो तब बैण्ड ज़रूर मँगवाना।"

"ज़रूर मँगवाऊँगा।"

ऐसी प्रतीत होता, मानो संसार में दोनों के लिए और कुछ बात करने को है ही नहीं।

दिन के क़रीब दो बजे होंगे। ख़बर पाकर कि बहू को बच्चा होनेवाला है, वे कचहरी से दौड़े आए। बैण्ड तैयार प्रतीक्षा कर रहा था कि लड़का हो कि बजाना शुरू हो जाए।

बच्चा हुआ। पुत्री नहीं, पुत्र परन्तु जीवित नहीं मृत। सुनते ही उनकी आँखों तले अँधेरा छा गया। बैण्डवालों ने यह रंग-ढंग देखा तब चुपके से खिसक गए। फिर धीरे-धीरे और लोग भी चले गए। रह गए केवल वे और उनका परिवार—

दिन बीतने लगे। पर वे बहुत दुःखी रहते और उनकी पत्नी भी। पर वह अपने इस दुःख में अपने पति के साथ अधिक रहकर अपने को सन्तोष देना चाहती। इसके विपरीत वे अब उससे दूर-दूर रहने का प्रयत्न करते!

साल भर बाद वह फिर गर्भवती हुई। परन्तु विधाता ने फिर धोखा दिया। सन्तान मृत ही थी।

दिन बीते, हफ़्ते बीते, महीने बीते और वर्ष बीतने लगे। दस वर्ष में मुन्नी के छः पुत्र हुए और सब मृत ही हुए। मुन्नी का हृदय विदीर्ण हो गया।

बचपन में माँ से उसने सुना था कि उसे पुत्र होगा, लड़के-बालों से उसका घर भर जाएगा, लड़कों का ब्याह होगा। बहुएँ आएँगी इत्यादि-इत्यादि। उसका वह हवाई महल, वह आशा, महत्त्वाकांक्षा, अब धीरे-धीरे लुप्त हो गई। वह बार-बार अपने कमरे में जाती, उसे बन्द कर रोया करती। कोई उससे स्नेह नहीं करता। सब उससे घृणा करते। और वे तो भूलकर भी न आते। तीन-तीन चार-चार दिन तक उनके दर्शन तक न होते। वह उनके पैरों पर गिरकर कहती, "देखो जी, तुम अब इतने निष्ठुर न बनो। तुम मेरे हो! मेरे देवता हो। बताओ इसमें मेरा क्या वश है। मैं स्वयं दुःखी हूँ। फिर तुम मुझे साहस दो, बल दो।"

वे दो-एक दिन को कभी-कभी आ जाते, फिर चले जाते कई दिनों के लिए। वह अपने सिर पर पत्थर मारकर चुप हो जाती।

एक दिन मुन्नी ने सुना उनका दूसरा विवाह होगा, मुन्नी की छाती काँप उठी! वह अब अधिक दुःखी रहती। बहुत अधिक 'सौत के पहले मुझे उठा लो' वह बार-बार भगवान से प्रार्थना करती!

इस बीच वह फिर गर्भवती हुई। बड़ी-बड़ी आशाओं से वह रहती। डाक्टर की आज्ञाओं का अक्षरशः पालन करती।

सोचती शायद दुःख के दिन बीतकर नया जीवन नया सुख आए।

बालक हुआ जीवित। पर मुन्नी की अवस्था शोचनीय हो उठी। उसे बार-बार चक्कर आता। पर अपने पुत्र-रत्न को देखकर वह प्रसन्नता से फूल उठी थी। उसकी बहुत दिन की आशा पूरी हुई थी। वह बच्चे को सुलाती। उसे रात-रात भर दिन-दिन भर देखती रहती। वे अब घण्टों उसके पास बैठते। वह समझती, अब उसका जीवन एक नए सिरे से, नई आशा, नई उमंग से शुरू होगा।

किन्तु नियति सर्वशक्तिमान है। एक हफ्ते के बाद बच्चे की हालत ख़राब होने लगी। माँ के दूध न था। बच्चा गाय का दूध पीता न था। लाख प्रयत्न करने पर भी बच्चा न बच सका, और वह भी अपने अन्य साथियों की भाँति चल बसा।

मुन्नी ने सुना। सहसा वह बेहोश होकर गिर पड़ी। छः घण्टे के बाद उसे होश हुआ, फिर बेहोश हो गई। फिर एकाएक उठी। और चिल्लाई—

"सुनते हो-सुनते हो? मुझे बच्चा हुआ है।" और हो-हो कर वह हँस पड़ी।

उसके पाँव सड़क पर बढ़े। देखते-देखते वह दौड़ने लगती। उसके मुँह से निकलता जाता, "सुनते हो? मुझे कल रात बच्चा हुआ है।"

मुन्नी के पति ने बड़ी कठिनता से उसे कमरे में लाकर बन्द किया। बन्द करते ही मुन्नी चिल्ला उठी, "सुनते हो, सुनते हो मुझे कल रात बच्चा हुआ है।"

लाख दवा करने पर भी मुन्नी अच्छी न हो सकी। और एक दिन अँधेरी रात में वह कहाँ चली गई किसी को पता नहीं चला। किसी ने खोज-खबर भी नहीं ली। दो महीने बाद गोपाल जी बड़ी धूम से एक नई बहू लाए। इस घटना को हुए कई वर्ष हो गए हैं।

पर आज भी उनके कान में कोई चिल्ला-सा उठता है, "सुनते हो, सुनते हो।" और वे चौंक उठते हैं।

पश्चात्ताप के आँसू

(1)

जिस दिन विवाह मण्डप में बैठकर, पण्डितों के मुख से निकले संस्कृत शब्दों को दोहराते हुए पाँच भाँवरें घूमकर शिवचरण एक चन्दा-सी बहू अपने घर लाया, उस दिन घर के सब लोग अवाक् रह गए। बहू का सुन्दर रूप देखकर घर के सब लोगों ने एक स्वर से घोषित किया, "भाई, यह तो शिवचरण का भाग्य है, नहीं तो ऐसी बहू किसी राजा के यहाँ जानी चाहिए थी। कहाँ शिवचरण और कहाँ शिव चरण की बहू!" और शिवचरण ने भी अपने मित्रों से स्वीकार किया कि विधाता की गणना में अवश्य कोई त्रुटि रह गई होगी, नहीं तो ऐसी बहू उसके भाग्य में कहाँ लिखी थी।

दो साल से शिवचरण कचहरी में क्लर्क था। पैंतीस रुपए तनख्वाह थी। पर उसके ऐसे आदमी के लिए इतना कम न था। आज से दो साल पहले लगातार तीन साल तक परीक्षा देने पर भी जब वह अंग्रेजी का नवाँ दर्जा न पास कर सका था, तब किसी को भी आश्चर्य नहीं हुआ। पर उसके पिता को यह सुनकर इतना दुःख हुआ कि उसी दिन उन्होंने उसे बुलाया और हाथ जोड़कर बोले, "भाई, अब मेरा गला छोड़ दो। तुम्हारे ऐसे अभी मेरे और दो लड़के हैं। अगर मैं तुम्हें ही पढ़ाने में लगा रहूँ तो फिर वे पढ़ चुके। तुम्हारे ऐसे गधों के लिए मैं उनका जीवन नष्ट नहीं करना चाहता।"

शिवचरण ने यह सब सुना। मुँह से बिना कुछ कहे सिर नीचा कर वह बाहर चला गया। पिता की बातों से उसके हृदय में आग-सी लग गई। अपनी हीनता और कमजोरी पर उसे इतनी ग्लानि हुई कि उसने निश्चय कर लिया कि वह आज ही अपने को यमुना में डुबो देगा। यह निश्चय कर वह यमुना की तरफ़ चल पड़ा। यमुना के किनारे पहुँच, कपड़े उतार, वह पानी में आगे बढ़ने लगा। गले तक जब पानी आ गया तब भी उसे कुछ भय नहीं हुआ, पर जब पानी नाक को छूने लगा तब उसे कुछ भय हुआ और उसकी इच्छा हुई कि लौट पड़े। पर उसी क्षण उसे अपने पिता के शब्द याद आए और हिम्मत बाँध वह फिर आगे बढ़ा। किन्तु हिम्मत ने अधिक साथ न दिया। कुछ ही आगे जाने पर वह काँप

उठा और जल्दी से हाथ-पैर चलाकर वापस लौट आया।

घर में बिस्तर पर पड़ा वह रात भर सोचता रहा कि अब क्या करना चाहिए। पर उसके मस्तिष्क में कोई भी ऐसी बात नहीं आ रही थी जिससे उसे कुछ शान्ति मिलती। इसी उलझन में पड़ा वह सोच रहा था कि उसे अकस्मात् अपने एक मित्र की याद आई। उसके पिता डिप्टी कलक्टर थे और उसे मानते भी थे। डिप्टी साहब के सुपुत्र और शिवचरण में गाढ़ी मित्रता थी। इसका एकमात्र कारण यह था कि दोनों में से किसी ने भी एक-दूसरे से पहले क्लास छोड़ने का नाम नहीं लिया था। दूसरे दिन शिवचरण ने जाकर डिप्टी साहब से अपनी राम-कहानी कही और इसके कुछ ही दिन बाद उसे कचहरी में नौकरी मिल गई। जिस समय शिवचरण ने यह ख़बर अपने पिता को दी, उस समय वृद्ध पिता की आँखों से दो बूँद आँसू गिर पड़े और अपने मन में उन्हें भी स्वीकार करना पड़ा कि शिवचरण के भाग्य की रेखा प्रबल है! कमाऊ लड़के का ब्याह हो गया।

शिवचरण की स्त्री तारा की अवस्था क़रीब सत्रह वर्ष की थी। गोरा रंग, बड़ी-बड़ी आँखें, लम्बा शरीर, भरा हुआ चेहरा देखकर कोई भी उसके सुन्दर होने में सन्देह नहीं कर सकता था। उसके विपरीत शिवचरण नाटा और साँवले रंग का युवक था। उसे यदि बदसूरत नहीं कहा जा सकता, तो उसे कोई सुन्दर भी नहीं कह सकता। यही कारण था कि शिवचरण ऐसी पत्नी पाकर अपने को भाग्यशाली समझता था, पर तारा ऐसा नहीं समझती। उसने मिडिल तक परीक्षा पाई थी। लड़कियों से मास्टरनी तक सब उसकी कुशाग्र बुद्धि की प्रशंसा करते थे। सब विश्वास करते थे कि तारा एक धनी और विद्वान पुरुष की पत्नी होगी। सहेलियाँ उससे हँसी-ठिठोली में कहा करती थीं, "तारा तो भाई कलक्टर की पत्नी होगी!" तारा अपनी सहेलियों से नाराज़गी का अभिनय करते हुए धत् कहकर टाल देती। पर बाद को वह बार-बार स्वयं इसी बात को दोहराती और समझाती भी यही थी कि उसका पति विद्वान, सुन्दर और धनी होगा।

लेकिन जब उसने शिवचरण को देखा और उसकी परिस्थिति के बारे में सुना तो वह मारे दुःख और ग्लानि से खाना तक न खा सकी। उसकी वह कामना और उसकी वे आकांक्षाएँ जिनकी उसने आज तक कल्पना की थी, गिरकर चूर-चूर हो गईं। पर हिन्दू-धर्म-शास्त्रों को याद कर उसने समझ लिया कि अब कोई चारा नहीं है। इस कारण उसने निश्चय कर लिया कि चाहे जैसे हो, उसे शिवचरण से प्रेम करना ही चाहिए।

पर बात कुछ बनी नहीं। थोड़े ही दिनों में सब को मालूम हो गया कि शिवचरण की बहू तारा, जितना रूप और गुण लेकर आई है, उससे चौगुना द्वेष और अहंकार भी अपने साथ लेती आई है। एक स्वर से सबने फिर, घोषित किया, "शिवचरण का ऐसी स्त्री से विवाह करना ठीक नहीं हुआ।"

तारा एक धनी घर की बेटी थी। घर में सदा लाड़-प्यार के बीच उसका पालन हुआ था। इस कारण इस ग़रीब परिवार में अपने को पाकर उसे बहुत दुःख हुआ। फिर थोड़े ही दिनों में यह दुःख अहंकार में परिवर्तित हो गया। कभी-कभी तो वह खाना खाए बगैर ही उठ जाती और कह उठती, "इससे अच्छा खाना तो हमारे घर के नौकर तक खाते हैं!" घर की सास यह सब सुनती, पर कुछ न कहकर दाँत-तले उँगली दबा चुप रह जाती।

शिवचरण के प्रेमचरण और रामचरण नाम के दो भाई और थे। इनमें रामचरण, सबसे छोटा होने के कारण, सबका प्यारा था। शिवचरण तो उस पर जान देता। जिस समय वह सन्ध्या को कचहरी से आता तो रामचरण दरवाज़े पर खड़ा रहता। शिवचरण झट-से उसे गोद में उठाकर अपने हृदय से लगा लेता। रामचरण शिवचरण से इतना हिल-मिल गया था कि उसे देखते ही "भैया आए, भैया आए!" कहकर चिल्ला उठता और नाचने लगता। फिर झट दोनों हाथ फैलाकर उसकी गोदी में चढ़ जाता। शिवचरण की माँ यह सब देखती और मारे ख़ुशी के उसकी आँखों में आँसू आ जाते। पर यह सब देखकर तारा के हृदय पर मानो साँप लोटने लगता।

एक दिन सन्ध्या को कचहरी से लौटते समय शिवचरण ने रामचरण के लिए एक कमीज़ और अपने पिता के लिए धोती ख़रीद ली। यह सब लिए हुए वह सीधे तारा के कमरे में जाकर कपड़े उतारने लगा। तारा ने काग़ज़ के बण्डल को देखकर समझा कि यह सब उसकी के लिए आया है। मुस्कराते हुए वह बण्डल खोलने लगी। खोलकर देखते ही उसके शरीर में मानो आग-सी लग गई! दोनों कपड़े हाथ में लिए हुए वह ज्यों-की-त्यों खड़ी रही। न हिली, न डुली। शिवचरण ने इस ओर ध्यान नहीं दिया और कपड़े लेकर उसने माँ को दे दिए।

जब शिवचरण कपड़े देकर लौटा तो उस समय भी तारा उसी तरह खड़ी थी। उसे इस तरह खड़ा देखकर शिवचरण को कुछ भय-सा हुआ। उसके पास आकर धीरे से स्नेह-भरे शब्दों में वह बोला, "क्यों, क्या हुआ है?"

"कुछ नहीं, "कहकर तारा धमू से बैठ गई। शिवचरण ने उसका हाथ अपने हाथ में लेकर कहा, "क्यों, क्या हुआ है तुम्हें? बोलती क्यों नहीं?"

तारा ने जल्दी से अपना हाथ छुड़ा लिया और फिर एक ओर खड़े होते हुए बोली, "जाओ, भाई के बक्स भरो। मैं तुम्हारी कौन होती हूँ।"

शिवचरण यह सुनकर सन्न रह गया! यह सही था कि शिवचरण स्वयं तारा के लिए कुछ नहीं लाता था, फिर भी उसे किसी चीज़ की कमी नहीं रहती थी। मुंशी जी और सास सदा बहू के लिए जान देने को तैयार रहते थे। पहले भी कितनी ही बार तारा नाराज़ हुई थी, पर इस बार की नाराज़गी और उसका कारण इतना आकस्मिक था कि शिवचरण धकू से रह गया। उसे भय होने लगा कि यह द्वेष परिवार के नाश का कारण न बन उठे। लेकिन शिवचरण के हृदय में तारा के

प्रति इतना स्नेह और प्रेम था कि वह कभी भी उससे ऐसी बात कहने का साहस नहीं कर सकता था, जिससे तारा नाराज़ हो!

शिवचरण के मस्तिष्क में ये सब बातें रजत-पटल की भाँति नाच उठीं। तारा को समझाना ही होगा, ऐसा सोच जैसे ही उसने अपना मुँह खोलना चाहा, वैसे ही उसकी माँ ने उसे जलपान के लिए बुलाया और शिवचरण बिना कुछ कहे चुपचाप जाकर माँ के पास खड़ा हो गया।

जलपान करने के पश्चात् नित्य की भाँति शिवचरण घूमने के लिए निकल पड़ा। बड़ी दूर तक यमुना की धारा की ओर देखता हुआ शिवचरण सोचने लगा, नारी-चरित्र को समझना भी कितना कठिन है। शिवचरण संसार के उन मनुष्यों में से था जो ज़रा-सी बात को भी बड़ी दूर तक सोचते हैं। वह बार-बार यही सोचता 'अगर तारा का यह द्वेष इसी भाँति बढ़ता गया तो फिर इस घर में रहना असम्भव हो जाएगा और यह घर जो आज सुख-शान्ति का केन्द्र है, दुःख-कलह से भर उठेगा।'

बड़ी रात गए शिवचरण अपने घर लौटा। उसने निश्चय कर लिया था कि चाहे जैसे हो, तारा को रोकना ही होगा

(2)

रात को जिस समय शिवचरण तारा से मिला, उस समय तारा ठीक उसी तरह बैठी थी। कल्याणी के कितना कहने पर भी उसने खाना नहीं खाया था। जब उन्होंने बहुत अनुरोध किया तब उसने सिरदर्द का बहाना कर टाल दिया। शिवचरण आकर तारा के बग़ल में बैठ गया और धीरे-धीरे उसके सिर पर हाथ फेरने लगा। तारा कुछ भी नहीं बोली। केवल उसकी आँखों से टप-टप आँसू गिरते रहे। शिवचरण बहुत-सी बातें सोचकर आया था, किन्तु इस अश्रुपात ने उसकी सारी भावनाओं को भुला दिया।

तारा के हाथ को अपने हाथ में लेते हुए शिवचरण बोला, "तुम जानती हो, मेरे सिवा इस घर में और कोई कमाने वाला नहीं है। बाबूजी ने भी अब अपना काम छोड़ दिया है। इस अवस्था में मेरे सिवा कौन इन लोगों की आवश्यकताएँ पूरी कर सकता है! कुछ भी हो, यह मत भूलना कि ये मेरे माता-पिता हैं। इन्होंने ही मुझे पाल-पोसकर बड़ा किया है। और तुम्हें भी इन्हीं लोगों ने लाकर इस घर में मेरे लिए बिठा दिया है!"

कुछ एक क्षण रुककर वह फिर बोला, "और यह जो तुम मेरे छोटे भाइयों के विषय में सोचती हो तो इतना कम-से-कम याद रखना कि उनके और मेरे रक्त में कोई अन्तर नहीं है। मैं अगर उनकी देख-भाल नहीं करूँगा तो फिर और कौन इनकी देख-भाल करेगा।"

तारा कुछ क्षण चुप रहकर बोली, "मैं आज की नहीं, कुछ दिन बाद की

बात सोच रही हूँ। एक दिन हम भी बाल-बच्चेवाले हो जाएँगे। आखिर उनके लिए भी तो हमें कुछ बचाकर रखना पड़ेगा। तुम्हारी ज़ब यह हालत है तो बिना पैसे-कौड़ी के मैं अकेली क्या कर सकूँगी! और तुम जो यह कह रहे हो कि ये तुम्हारे भाई हैं तो मैं इतना बता देना चाहता हूँ कि वक़्त पड़ने पर भाई-बन्धु सभी कन्नी काट जाते हैं।"

शिवचरण किसी अज्ञात भय से काँप उठा। आज तक उसने कभी अपने बाल-बच्चों के विषय में नहीं सोचा था। आज तक तो वह स्वयं ही बालक था। पर आज अकस्मात् उसके मस्तिष्क में नाच उठा, "अगर मैं कल से अलग हो जाऊँ और मेरे हाथ में एक पैसा भी न रहे तो फिर कैसे मैं अपने परिवार की आवश्यकताएँ पूरी कर सकूँगा? कौन मेरी सहायता करेगा?" शिवचरण के कमज़ोर मस्तिष्क में बार-बार तारा के शब्द टक्कर मारने लगे। क्षण भर के लिए उसके मुँह से एक भी शब्द नहीं निकल सका!

शिवचरण को चुप देखकर तारा बोली, "तुमने भगवती प्रसाद का हाल तो सुना ही होगा। बेचारे ने फटे कपड़े पहन-पहनकर अपने भाई को वकील बनाया। स्वयं कभी अच्छी धोती तक नहीं पहनी। अच्छा खाना नहीं खाया। उसने अपने भाई को कभी तकलीफ नहीं होने दो। वही भाई जब वकील बन गया और हज़ारों रुपए कमाने लगा तो उसने अभागे भगवती बाबू को पूछा तक नहीं। भगवती बाबू आज पन्द्रह रुपए महीने की नौकरी कर अपना और अपनी पत्नी का पेट पाल रहे हैं। मुझे ऐसा प्रतीत हो रहा है कि तुम्हारी दशा भी उनसे भिन्न नहीं होगी। दुनिया भगवती बाबू की तारीफ़ भी करेगी, उनके साथ संवेदना भी प्रकट करेगी, पर उस बेचारे के लिए तो आज जीवन ही भार हो उठा है।"

शिवचरण तारा के इन विचारों को चाहता तो खण्डन कर सकता था। पर तारा के शब्दों में इतनी शक्ति, बल और इतनी बड़ी वेदना थी कि शिवचरण को उसके विरुद्ध कुछ भी कहने का साहस नहीं हुआ। न वह उसकी बातों का अविश्वास ही कर सका। फिर भी न जाने क्यों उसका हृदय इस कहानी को सुनकर और अपनी आँखों के सामने अपने को भगवती बाबू के रूप में सोचकर काँप उठा। तारा से कुछ न कह, जल्दी से करवट बदल, आँखें बन्द कर वह सोने का उपक्रम करने लगा।

(3)

इस घटना के बाद शिवचरण में बहुत परिवर्तन होने लगा। अब जब वह आफिस से लौटता और रामचरण "भैया-भैया!" कहकर दौड़ता तो उसके हृदय में पहले जैसा प्रेम और विह्वलता नहीं उत्पन्न होती। घर आते समय अब वह यही मनाया करता कि रामचरण का सामना न करना पड़े। घर में भी अब वह अधिक किसी

से नहीं बोलता था। पहले कभी-कभी और फिर अक्सर वह और तारा कमरे में बैठकर घण्टों गुपचुप बातें करते रहते।

तारा घर का कोई भी काम नहीं करती थी। उसकी सास कल्याणी घर-गृहस्थी के काम में प्रातः से सन्ध्या तक जुटी रहती। उन्हें साँस लेने तक की फुरसत नहीं मिलती। घर का सारा काम-काज करने के साथ-साथ भोजन बनातीं और तारा को खिला देतीं। खाने-पीने से छुट्टी पाने के बाद तारा अपने कमरे में पहुँचकर किताबों के पन्ने उलटने लगती या फिर हार्मोनियम लेकर बैठ जाती। यही उसकी दिनचर्या थी। जब शिवचरण आता, उस समय दोनों एक साथ बैठकर घुल-घुलकर बातें करते। कल्याणी यह सब देखती, पर मुँह से कुछ न कह एक लम्बी साँस दबाकर इधर-उधर के काम में मन लगाने का प्रयत्न करने लगतीं।

आज से कुछ वर्ष पहले कल्याणी की महत्त्वाकांक्षाओं का ठिकाना नहीं था। उन्होंने सोच रखा था कि शिवचरण का ब्याह होते ही वे घर-गृहस्थी का सारा काम बहू पर छोड़ अपने अन्तिम दिनों को भगवान् की पूजा में लगा देंगी। इसी कारण जब उन्होंने पहली बार शिवचरण की बहू को देखा था तो उस समय उनकी छाती दुगुनी हो गई थी। जो कोई आता, उसी से वे अपनी बहू की तारीफ़ करतीं और कहतीं, "अब जल्दी ही बहू को सब कुछ समझा-बुझाकर मैं पूजा पाठ में लग जाऊँगी।" पर थोड़े ही दिनों में बहू का रंग-ढंग देखकर वे समझ गईं कि अभी भगवान् उन्हें बैठने देना नहीं चाहते। कल्याणी ने फिर एक बार हृदय के सारे अरमानों को दबाकर अपना मन घर के कामों में लगा दिया। अब वे सोचतीं कि शायद उन्हें रामचरण या प्रेमचरण की बहू से सुख प्राप्त हो। पर उनकी आशाओं में अब न उतनी ही लगन रह गई थी, न विह्वलता और न विश्वास ही।

पहले कल्याणी ने समझा था कि शिवचरण तारा को ठीक कर देगा। जब तक शिवचरण अच्छा है, तब तक उन्हें भय किस बात का है। पर शिवचरण में भी उन्होंने परिवर्तन देखा तो उनका नारी-हृदय एकबारगी किसी अज्ञात भय से काँप उठा। उन्हें अपनी चिन्ता नहीं थी पर अपने दो छोटे पुत्रों का भाग्य अन्धकारमय प्रतीत होने लगा। किन्तु उन्होंने अपने पति से आज तक कभी किसी की शिकायत नहीं की। घर-गृहस्थी के बारे में नहीं कहा! आज जीवन की अन्तिम घड़ी में इसी कारण वे अपने पति से कुछ भी नहीं कह सकीं।

कल्याणी का शरीर कुछ तो चिन्ता से और कुछ काम से दुबला होने लगा! कुछ ही दिनों बाद चालीस वर्ष की उमर में ही वे साठ वर्ष की बुढ़िया दिखने लगीं। मुंशी मातादीन ने यह सब परिवर्तन देखा, इसका कारण भी समझा, पर यह रोग असाध्य नहीं है और शीघ्र ही ठीक हो जाएगा, ऐसा सोच के चुपचाप हुक्के की नली मुँह में डाल धूम्रपान करते रहे।

(4)

इसी तरह कुछ दिन बीत गए। एक दिन जब शिवचरण कचहरी से लौटा तो रामचरण ने दरवाज़े पर से ही चिल्लाकर सूचित कर दिया—"भैया, भाभी के बाबू हुआ है!" इतना सुनते ही शिवचरण को ऐसा प्रतीत हुआ मानो उसके पर लग गए हैं और वह आकाश में उड़ता चला जा रहा है। इसी अवस्था में उसने रामचरण को उठाकर कलेजे से लगा लिया। रामचरण भी आज इतने दिनों बाद अपने भाई का प्यार पाकर फूला नहीं समाया और दोनों हाथ शिवचरण के गले में डालकर एकटक उसी की तरफ़ देखने लगा।

इसके बाद खूब धूमधाम से दावत हुई। एक अच्छा हलवाई बुलाया गया। नाच-गाने का प्रबन्ध हुआ। शिवचरण ने शहर के सब मित्रों को दावत दी। लोग शिवचरण का उत्साह और उछाह देखते रह गए।

दावत का सारा ख़र्चा तारा ने आज तक बचाए हुए रुपयों में से किया था। शिवचरण को इस अवसर ने और भी सचेत कर दिया। उसकी समझ में अब आ गया कि तारा ने उस दिन जो कुछ कहा था, वह सत्य ही नहीं अटल सत्य था। उसे अब अपने बालक को पढ़ाने-लिखाने के लिए रुपया जमा करने की धुन सवार हुई।

तारा उसे बार-बार समझाती, "तुम्हें हाथ रोककर खर्च करना चाहिए। अब हमारे भी बच्चा है। उसकी शिक्षा के लिए रुपयों की ज़रूरत होगी। न हो तो और कहीं अपनी बदली करा लो। क्या ज़रूरत है कि हम लोग दो आदमियों के लिए इतने आदमियों का ख़र्च बर्दाश्त करें..."

शिवचरण इन बातों को सुनता और उनकी तह तक पहुँचने का प्रयत्न करता।

शिवचरण का पुत्र बहुत ही सुन्दर था। उसकी बड़ी-बड़ी आँखें, भरे हुए हाथ-पाँव, उन्नत ललाट और हँसता हुआ चेहरा देखकर अनजान मनुष्य भी उसकी तरफ़ आकर्षित हो उठता। जिसने कभी भी लड़का छूना पसन्द नहीं किया, वह भी एक बार उसे उठाकर प्यार करने लगता! यह सब देखकर नौजवान और बालक तो प्रसन्न होते, पर बड़े-बूढ़े एक आह भरकर कह उठते, "अगर यह जीवित रहेगा तो संसार में नाम करेगा! भगवान इसकी रक्षा करे..."

तीन-चार महीने बाद शिवचरण को अपने पुत्र के नामकरण की चिन्ता हुई। दोनों पति-पत्नी की इच्छा थी कि इस बालक ने जैसी सुन्दरता पाई है, वैसा ही इसका नाम भी रखना चाहिए। इस कारण दोनों रोज़ बैठकर संसार भर के नामों की गिनती कर जाते!

शिवचरण कहता, "इसका नाम रखा जाए वीरेन्द्र। यह इन्द्र के समान वीर होगा!"

तारा मुँह बनाकर कहती, "नहीं, यह भी कोई नाम है! सब लोग वीरी-वीरी

कहने लगेंगे!"

शिवचरण परेशान होकर कहता, "तो फिर इसका क्या नाम रखा जाए, तुम्हीं बताओ न!"

तारा कहती, "इसका नाम रखा जाय मीठा!"

शिवचरण इस नाम को सुनकर अपनी हँसी नहीं रोक पाता और बड़े ज़ोर से हा-हा करता हुआ बोल उठता, "वाह यह भी कोई नाम है, मीठा! तुम्हारी भी सूझ अजीब है। सब पढ़ना-लिखना तुम्हारा बेकार हुआ! कहीं मीठा और नमकीन भी कोई नाम होता है। इससे तो यह कहीं अच्छा है कि इसका नाम रखा जाय मिर्चा! वाह, क्या ही अच्छा नाम होगा यह!"

तारा नाराज होकर कहती, "तुम्हें और तो कुछ आता नहीं, हो-हो कर सब काम ख़राब कर देते हो! मैंने तो मीठा इसलिए कहा था कि मुझे मीठा अच्छा लगता है। इस तरह भला कहीं किसी का नाम रखा जा सकता है!"

शिवचरण बाहर से गम्भीर होकर कहता, "हाँ, भई मुझे तो चटनी अच्छी लगती है। क्यों न इसका नाम चटनी प्रसाद रख दिया जाए!"

तारा खीझकर अपना मुँह दूसरी तरफ़ कर लेती और नाराज़ होकर कहती, "जाओ, चाहे चटनी रखो, चाहे मिर्चा। मैं अब कुछ नहीं बोलूँगी। तुम तो हर एक बात का मज़ाक बना देते हो। तुम्हारे जो जी में आए, करो!"

शिवचरण अब सँभलकर कहता, "अरे तो इसमें नाराज़ होने की कौन-सी बात है? आखिर नाम इसी तरह तो रखा जाता है!"

फिर दोनों में सुलह हो जाती। दोनों की आकांक्षाओं और महत्त्वाकांक्षाओं का एक ही केन्द्र था। दोनों अपने बालक को लेकर किलोलें करते, हँसते और प्रसन्न होते!

एक-दूसरे को आकर्षित करने के स्थान पर इन दोनों का प्रेम अब इस बालक पर केन्द्रित होता जा रहा था। जिस तरह दो सरिताओं का जल एक स्थान पर मिलकर एक साथ तीव्र गति से बहने लगता है, ठीक उसी तरह दोनों का प्रेम भी मिलकर इस बालक के साथ बहने लगा।

एक दिन तारा ने शिवचरण से बड़े उत्साह से कहा, "मैंने इसका नाम चुन लिया है। बोलो, बताऊँ?"

शिवचरण ने हँसकर कहा, "क्यों नहीं इस बार नमकीन की बारी होगी!"

तारा अपने इस आविष्कार को विफल नहीं होने देना चाहती थी। गम्भीर होकर बोली, "मज़ाक मत करो। हमेशा मज़ाक अच्छा नहीं होता। मैंने इसका नाम रखा है सौन्दर्यकुमार।'

शिवचरण को भी यह नाम पसन्द आ गया और फिर इस सुन्दर से बालक का नाम रख दिया गया सौन्दर्यकुमार।

(5)

बालक का नाम तो रखा गया सौन्दर्यकुमार, पर थोड़े ही दिनों में सब लोगों ने उसे कुमार-कुमार कहना शुरू कर दिया। तारा कितनी ही नाराज़ होती, पर कोई भी उसकी बातों पर ध्यान न देता!

जिस समय दोनों पति-पत्नी कुमार को बैठाकर खिलाते उस समय उन्हें ऐसा प्रतीत होता मानो दोनों स्वर्ग में पहुँच गए हैं। कुमार जब कभी इस गोदी से उस गोदी में जाने लगता, उस समय दूसरा यह चाहता कि कुमार को अपने हृदय से चिपटा ले। जब कभी कुमार तारा की गोदी में होता तो शिवचरण आकर दोनों हाथ फैलाकर कहता, "यहाँ आओ तो बेटा!"

कुमार अपनी माँ की गोदी में चिपट जाता। तारा प्रसन्न होकर कहती, "यह मेरा बेटा है, तुम्हारा नहीं!"

शिवचरण अपनी झेंप मिटाने के लिए हँसकर कहता, "मेरा नहीं है तो फिर किसी दूसरे का होगा!"

तारा कहती, "देखो जी, गाली मत दो!"

शिवचरण हो-हो कर हँस पड़ता।

इस तरह समय बीतता रहा। इसी बीच एक घटना हो गई।

एक दिन काम-धन्धों के फेर में कल्याणी कुमार का दूध गरम करना भूल गई। इसी समय तारा दरवाज़े पर कुमार को लिए आ खड़ी हुई और बोली, "अम्मा, कुमार का दूध कहाँ है?" कल्याणी का चेहरा एकबारगी धक् से हो गया। अपनी इस बहू से कल्याणी डरने लगी थीं। सँभलकर बोलीं, "अभी गरम कर देती हूँ, बहू। काम-काज के पीछे एकदम ही भूल गई।"

तारा की भौंहें चढ़ गईं। एकाएक बोल उठी, "मेरे बच्चे की किसको फिक्र है। अपने खाने में तो कभी भूल होती नहीं। मैं जानती हूँ, सब मेरे कुमार से जलते हैं!"

कल्याणी के मुँह से एक भी शब्द नहीं निकला। वे एकटक तारा और बच्चे की तरफ़ देखती रहीं। रह-रहकर उनके हृदय में एक बात उठ रही थी—क्या वे अपनी बहू और पौत्र से जलेंगी? अपने ही रक्त से पाल-पोसकर जिन्हें इतना बड़ा किया, उन्हें सुखी देखकर क्या वे द्वेष करेंगी? जिस बात को वे स्वप्न में भी नहीं सोच सकती थीं; उसको इस तरह सुनकर उनकी आँखों से झर-झर आँसू गिरने लगे। पर बहू की उग्रता देखकर कल्याणी सचमुच डर-सी गई थीं। उमड़ते आँसुओं को जैसे-तैसे रोककर उन्होंने कड़ाही चूले पर रख दी।

चूल्हे के पास बैठी कल्याणी घर की स्थिति पर विचार करने लगी। यही घर था जो कुछ दिन पहले सुख-शान्ति से पूर्ण था। न द्वेष था, न कोई झंझट। मुंशी जी अधिक कमाते नहीं थे, फिर भी कभी किसी को कोई तकलीफ़ नहीं होती थी।

जो कुछ मुंशी जी पाते थे, लाकर कल्याणी के हाथ पर रख देते थे। कब कितना और कैसे खर्च हुआ, इसकी उन्हें चिन्ता नहीं रहती थी। घर के सब लोगों को कल्याणी एक आँख से देखती थीं और अपने तीनों पुत्रों में कभी भी कोई भेद नहीं रखती थीं। पर आज स्थिति भिन्न हो उठी है। शिवचरण जो कुछ पाता है, लाकर अपनी बहू के हाथ पर रख देता है। वही सब खर्च करती। कल्याणी को एक-एक पैसे के लिए हाथ पसारना पड़ता। एक तरफ़ जहाँ कुमार के बक्स रंग-बिरंगे कपड़ों से भरे पड़े रहते, वहाँ दूसरी ओर उनके दो लड़के फटे गन्दे कपड़े पहने फिरते हैं। कल्याणी को यह सब देखकर ऐसा प्रतीत होता मानो उनका हृदय इस वेदना से एक दिन फट पड़ेगा। सबसे अधिक आश्चर्य की बात तो यह थी कि मुंशी मातादीन अफ़ीमचियों की भाँति पड़े रहते थे। क्या होता है और क्या नहीं, इसकी इन्हें चिन्ता नहीं थी।

सुखद जीवन की बीती बातें याद कर कल्याणी अपने आँसू नहीं रोक सकी।

कटोरे में गरम दूध लेकर कल्याणी ने तारा के कमरे में रख दिया। उसे देखते ही तारा ने दूध ठोकर से मारकर गिरा दिया। आँखें लाल-लाल कर ऊँचे स्वर में कहने लगी, "औरों की तो फिर बिसात ही क्या है। जो छाती फाड़कर रुपया लाता है, उसी के बच्चे की किसी को परवाह तक नहीं!"

कल्याणी एकटक बहू की तरफ़ देखती रहीं। उन्होंने कभी भी जीवन में क्रोध नहीं किया था। जीवन में कितने ही अवसर आए जब कोई भी मनुष्य अपने क्रोध को नहीं दबा सकता था, पर उस समय भी कल्याणी शान्त खड़ी रहीं। पर आज न जाने क्यों वे अपने को क़ाबू में न कर सकीं। उनका सोता हुआ आत्मबल जाग उठा। उनकी आँखें लाल हो उठीं। भौंहे चढ़ गईं। ऐसा प्रतीत होने लगा, मानो आज वे किसी को जीवित न छोड़ेंगी। इसी अवस्था में वे एक बार फुफकार कर बोल उठीं, "बस-बस बहू, आगे कुछ न कहना। तुम्हारा अभी अधिकार नहीं है। जब मैं मर, जाऊँगी, तब जो चाहे कहना, पर अभी नहीं! शिवचरण यदि तुम्हारा पति है तो मेरा पुत्र भी है। यदि तुम्हारा उस पर अधिकार है तो मेरा उस पर तुमसे सौगुना अधिकार है। अगर आँखें निकालना हों तो अपने घर जाकर निकालना, यहाँ नहीं!"

इतना कहकर धम्-धम् पाँव पटकतीं वे कमरे के बाहर हो गईं।

तारा एकाएक स्तब्ध-सी हो गई। आज तक वह अपनी सास से कितनी ही बार नाराज़ हुई है। सास ने आज तक कभी कुछ नहीं कहा। पर आज जैसे उनकी कोमलता ने अग्नि का रूप धारण कर लिया है। पहली बार तारा अपनी सास से भयभीत हो उठी।

अपने कमरे में जाकर कल्याणी फफक-फफककर रोने लगीं। उन्हें ऐसा प्रतीत होने लगा मानो यह सब आज तक उन्हीं की कमज़ोरी के कारण हुआ है। अगर

उन्होंने शुरू से ही बहू को लागडाँट में रखा होता तो उन्हें आज यह सब नहीं सुनना पड़ता!

कल्याणी का मन विचलित हो उठा। उन्होंने कभी भी अपने पति से किसी की शिकायत नहीं की थी। पर आज वे मानो सब कुछ भूलकर मुंशी जी के कमरे में जा खड़ी हुईं। मुंशी जी बैठे हुक्का पी रहे थे। कल्याणी का यह रूप देख घबराकर बोले, "क्यों, क्या हुआ बहूरानी?"

उम्र बीत गई, पर अब तक मुंशी जी ने कल्याणी को नाम लेकर कभी नहीं पुकारा था। वे उन्हें बहूरानी कहकर ही पुकारते थे। कल्याणी यह स्नेह-सम्बोधन सुनकर अपने आँसू नहीं रोक सकी।

मुंशी जी ने उन्हें अपने पास बिठा लिया और आँसू पोंछते हुए बोले, "क्या हुआ है, बोलो। मेरे रहते किसी को साहस नहीं जो तुम्हारा कुछ बिगाड़ सके!"

कल्याणी ने उन्हें धीरे-धीरे घर की सारी बातें बता दीं और अन्त में बोलीं, "मुझे अपनी चिन्ता नहीं है। पर अपने इन दो बच्चों की क्या दशा होगी, यह सोचकर आज मेरी छाती फट रही है। तुम्हारी यह दशा देखकर मुझे और भी भय हो रहा है!"

मुंशी जी बोले, "घबड़ाओ नहीं। मुझे यह सब मालूम नहीं था। मैं कल ही किसी नौकरी की तलाश करूँगा।"

(6)

संध्या को घर पहुँचने पर तारा की आँखों में आँसू देखकर शिवचरण सन्न-सा रह गया। कारण पूछने पर तारा ने जो कुछ बताया, उसका सारांश यह था कि जब उसने अपनी सास से कुमार के लिए दूध माँगा तो उन्होंने उसे डाँटकर कहा, "जिसे ज़रूरत हो वह स्वयं आकर ले जाए। मैं कोई घर की लौंडी नहीं हूँ!"

इतना कहकर तारा शिवचरण से बोली, "जो हो, मैं अब यहाँ नहीं रह सकती। चाहे तुम अपनी बदली करा लो या मुझी को मेरे मायके पहुँचा दो। मैं अपने कुमार को कुछ भी नहीं होने दूँगी।"

शिवचरण की समझ में नहीं आया कि वह इसका क्या उत्तर दे। फिर यह सोचकर कि सब कुमार को लेकर हुआ है, वह स्वयं नाराज़ हो उठा। वह घर का सब खर्चा देता है। वह घर का मालिक है। उसी के पुत्र का दूध गरम करना लोगों के लिए दूभर हो उठा है! यही सब सोचकर उसने निश्चय कर लिया अब वह यहाँ नहीं रहेगा और इस परिवार को छोड़ कहीं दूसरी जगह अपनी बदली कराकर चला जाएगा।

इसके ठीक एक हफ़्ते बाद शिवचरण ने मुंशी मातादीन को बता दिया कि उसकी बदली बस्ती हो गई है और अब कोशिश करने पर भी रद्द नहीं हो सकती।

उसे अगले ही सप्ताह चले जाना होगा। साथ में बहू को भी ले जाना ज़रूरी है। उसका वहाँ अकेले रहना असम्भव है।

मुंशी जी ने इसमें कोई भी आपत्ति नहीं की। और एक दिन अपनी बहू को लेकर शिवचरण घर की सारी मोह-माया छोड़कर बस्ती की तरफ़ चल पड़ा।

जाने के दिन जब कल्याणी ने देखा कि सब सामान रख दिया गया है तो उनका हृदय काँप उठा। जब तारा ताँगे पर जाकर बैठ गई और ताँगा चल पड़ा उस समय वे अपने आँसू नहीं रोक सकीं। उन्हें याद आई उस दिन की घटना जब तारा ठीक इसी तरह बहू बनकर आई थी और उल्लास और प्रेम से उनका हृदय फटा पड़ता था। किन्तु आज यही घर, जहाँ उन्होंने अपने जीवन के कितने ही वर्ष बिता दिए हैं, उन्हें काटने दौड़ने लगा! कल्याणी तारा को प्यार करती थीं, पर उसका व्यवहार उन्हें पसन्द नहीं था। फिर भी पहली बहू है, इस कारण वे उसका आदर करने में कभी न चूकती थीं। आज वे अच्छी तरह समझ रही थीं कि तारा विष की पोटली है—"आह, तारा ने जैसा रूप पाया है, उससे कम ही अगर उसमें गुण भी होते तो आज मेरे समान कौन सुखी होता!"

उस रात सब को खिला-पिलाकर कल्याणी स्वयं बिना खाए-पिए सो रहीं, पर बहुत प्रयत्न करने पर भी उनकी आँखें न लग सकीं।

(7)

बस्ती पहुँचने के बाद दो-तीन महीने तो शिवचरण ने घर पर पत्र लिखे और रुपए भी भेजे, फिर पहले पत्र लिखना बन्द हुआ और बाद में रुपए भेजना। मुंशी मातादीन फिर काम करने लगे थे, पर अब उनकी कलम में पहले जैसी ताकत नहीं थी। कठिनता से वे पन्द्रह-बीस ही कमा पाते। इसी में खाना-पीना, लड़कों की फीस इत्यादि सब का बन्दोबस्त कल्याणी को करना पड़ता। कल्याणी स्वयं तकलीफ़ सहकर अपने बच्चों को तकलीफ़ न होने देतीं, न किसी से रुपए के लिए शिकायत ही करतीं।

उधर शिवचरण की तनख्वाह बढ़ गई थी। ऊपरी आमदनी भी अच्छी थी, पर इसके साथ-साथ खर्चा भी बढ़ गया था। नए स्थान में आकर तारा को नए-नए शौक पैदा हो गए थे। जीवन का आनन्द जिसकी उन्होंने कल्पना की थी, वह उसे पूरा करना चाहती थी।

तारा अब बन-ठनकर शिवचरण के साथ घूमने जाती। नए-नए कपड़े और नए-नए गहने पहनती। नवयुवकों को देखकर अपने को दिखाने का प्रयत्न करती। शिवचरण यह सब देखता, उसकी भूख को समझता, पर अपने मुँह से कुछ भी न कहकर एक ठण्डी साँस खींचकर चुप हो रहता।

कभी-कभी जब तारा साड़ियों की फ़रमाइश करती तो शिवचरण उसका

प्रतिवाद करता हुआ कहता, "तुम्हें हाथ देखकर ख़र्च करना चाहिए। अभी उसी दिन तो एक साड़ी मैंने तुम्हें ख़रीदकर दी थी। तुम्हारे बक्स साड़ियों से भरे पड़े हैं। अभी इतनी जल्दी क्या है?"

तारा नाराज़ होकर कहती, "मेरे बक्स अगर साड़ियों से भरे पड़े हैं तो तुम्हारे रुपए से नहीं। तुम्हें इसका मलाल क्या है। खून लगाकर शहीदों में नाम लिखाना चाहते हो। तुम्हारा बस चले तो तुम मुझे नंगी करके रखो!"

शिवचरण कुछ शान्त होकर कहता, "तुम तो इधर-उधर की फ़िजूल बातें करती हो! आख़िर इतना ख़र्च करने के लिए रुपया भी तो चाहिए!"

तारा बड़बड़ाती हुई इधर-उधर चली जाती। दोनों में मनमुटाव रहने लगा। जब कभी वे दोनों मिलकर कुमार को खिलाने बैठते तो उस समय अवश्य दोनों को ऐसा मालूम होता कि वे पति-पत्नी हैं, अन्यथा उनमें अब वह प्रेम, वह स्नेह बहुत कम हो गया था।

कुमार अब खड़ा होकर कुछ-कुछ चलने लगा था। कुछ-कुछ बोलता भी था। दोनों बैठकर पूछते, "हमारे लिए बड़े होने पर क्या लाओगे?"

कुमार अपनी तुतली बोली में कहता, "माँ के लिए छाड़ी लाऊँगा।"

शिवचरण पूछता, "और मेरे लिए क्या लाओगे!"

कुमार कहता, "तुम्हारे लिए मैं एक पीली-पीली रंग की खोती (धोती) लाऊँगा।"

कुमार की तुतली बोली को सुनकर दोनों प्रसन्नता से फूले नहीं समाते। शिवचरण रोज़ नए-नए खिलौने लाता। कुमार कभी हाथी पर चढ़कर लड़ाई करता, कभी बन्दूकधारी सिपाहियों को लड़ाई के लिए प्रोत्साहित करता।

इस तरह एक वर्ष व्यतीत हो गया।

गर्मी के दिन थे। जेठ का महीना। पृथ्वी लोहे के तवे की भाँति तपने लगी थी। दिनभर गरम लू चलती। यहाँ तक कि रास्ता चलना तक कठिन हो जाता। दोपहर को सड़क सुनसान हो जाती। कहीं-कहीं एक आध एक्का इधर-उधर चलता नज़र पड़ जाता। शिवचरण की कचहरी भी प्रातः से होती। दिन को गर्मी में वह बारह बजे थका-माँदा लौटता।

उस दिन भी और दिनों की भाँति वह कचहरी से लौटा। हाथ में दो नारंगी लिए हुए उसने पुकारा, "कुमार—ओ कुमार!"

पर कोई जवाब नहीं आया। और दिन उसकी पुकार सुनते ही कुमार दौड़कर उसकी गोदी में चढ़कर उसकी सारी थकान, सारी व्यथा हर लेता था।

शिवचरण ने फिर पुकारा, "कुमार!"

इस बार तारा की धीमी आवाज़ आई, "यहाँ है।"

शिवचरण जल्दी से जाकर कमरे में खड़ा हो गया। कुमार सोया था। तारा

उसके पास ही बैठी थी। तारा और कुमार का चेहरा देखकर उसे धरती घूमती मालूम हुई। उसने विह्लता से पूछा, "क्यों, क्या हुआ है इसे?"

तारा बोली, "तुम्हारे जाते ही इसे बुख़ार आ गया है।"

शिवचरण ने अपना हाथ उसके सिर पर रखा। उसे छूते ही उसे ऐसा प्रतीत हुआ मानो उसके शरीर को बिजली छू गई। कुमार का शरीर तवे के समान गर्म था। शिवचरण बिना कुछ बोले धम् से बैठ गया।

शिवचरण ने आज तक किसी की बीमारी में सेवा नहीं की थी। जब तक उसकी माँ थी, उसे किसी चीज़ की चिन्ता नहीं थी। यदि घर में किसी की तबीयत ख़राब होती थी तो उसे हटाकर स्वयं बैठ जाती थी। मुंशी जी डॉक्टर लाते, माँ रोगी के पास रहकर सेवा करती थी। उसे कभी किसी वस्तु की चिन्ता नहीं करनी पड़ती। माँ का घर, माँ का स्नेह, माँ की लगन एकबारगी शिवचरण के मस्तिष्क में नाच उठे। क्यों नहीं ऐसे समय में माँ को बुला लिया जाए—उसने सोचा। वह जानता था कि उसकी माँ दौड़ी चली आएगी। पर नहीं, इसमें उसका बड़ा अपमान होगा। जिस माँ को छोड़कर वह चला आया है, आज अपने ऊपर विपत्ति देखकर, अपने स्वार्थ के लिए, वह उन्हें बुलाए, यह कभी नहीं हो सकता। फिर भी यहाँ आने के बाद पहली बार माँ की याद कर उसके आँसू नहीं रुक सके।

शिवचरण की विह्लता देखकर तारा ने कोमल तथा स्नेहयुक्त शब्दों में कहा, "जाओ, डॉक्टर को बुला लाओ। घबड़ाने से क्या होगा।"

तारा ने उसे रुपए दिए। रुपए लेकर शिवचरण आगे बढ़ा। उसके पैर भारी हो गए थे। उसे ऐसा प्रतीत हो रहा था मानो उसे लूटने के लिए उसके पीछे डाकू लगे हैं। धूप और लू में, शिवचरण पागलों की तरह सड़क पर भागा चला जा रहा था। उसे न भूख थी, न प्यास। कचहरी से आते समय उसे खूब भूख लगी थी। वह सोच रहा था कि चलकर खूब भोजन करेंगे। किन्तु कुमार की बीमारी ने उसकी सारी भूख ग़ायब कर दी थी। उसे आज एक ही चिन्ता थी। उसका कुमार अच्छा हो जाए। उसके मन में हो रहा था कि वह किसी प्रकार उड़कर डॉक्टर के पास पहुँच जाए।

कई स्थानों पर घूमने के बाद भी किसी डॉक्टर-वैद्य ने इस दोपहरी में बाहर निकलने का साहस नहीं किया। शिवचरण के क्रोध का पारावार नहीं था। उसकी इच्छा हो रही थी कि वह इन डॉक्टर-वैद्यों को गोली मार दे। वह एक को कोसकर दूसरे डॉक्टर के यहाँ जाता। दूसरे से तीसरे के यहाँ। इस तरह दो घंटे बीत गए। तब कहीं उसे एक नए डॉक्टर साहब मिले। वह उसके साथ चलने के लिए तैयार हुए।

डॉक्टर ने कुमार को देखा, कहा, लू लग गई है। दवा लिख दी और फिर संध्या को बच्चे की ख़बर देने के लिए कह, पाँच रुपया मुट्ठियों में दबाए, चलते

बने।

पति-पत्नी दोनों चुपचाप बैठे रहे। किसी के मुँह से एक भी शब्द नहीं निकला। कुछ क्षण बाद तारा को होश हुआ। उसने कहा, "अरे, खाना तो तुमने खाया नहीं! उठो, हाथ-मुँह धो लो।"

शिवचरण ने बिना मन के एक कौर खाया और हाथ-मुँह धोकर फिर वहीं बैठ गया। तारा ने यह सब देखा, पर मुँह से कुछ भी नहीं कहा। उस समय दिन के तीन बज चुके थे।

(8)

जब कभी कुमार आँखें खोलता तो उस समय दोनों उसे बुलाने का प्रयत्न करते। कुमार कभी बाबूजी, कभी माँ, कठिनता से कह पाता। इस शब्द को सुनकर दोनों फूले न समाते।

तीन दिन बीत गए। कुमार की तबीयत अच्छी न हो सकी। शिवचरण कचहरी से छुट्टी लेकर घर पर रहता। उसे न भूख थी, न अपनी परवाह। उसे केवल एक चाह थी, एक इच्छा थी, एक लगन थी--किसी तरह कुमार अच्छा हो जाए।

डॉक्टर ने कहा था, "आज की रात सबसे भयानक है। अगर आज बच गया तो फिर कोई भय न रहेगा।" जिस तरह विद्यार्थी अपनी साँस रोककर अपना परीक्षा फल सुनने के लिए तैयार होता है, ठीक उसी तरह दोनों पति-पत्नी रात के सकुशल बीतने की प्रतीक्षा करने लगे।

रात होते ही कुमार की अवस्था बिगड़ने लगी। वह बड़बड़ाने लगा, "अपनी लेल में मैं केवल माँ को चलाऊँगा और किछी को नहीं चलने दूँगा।"

फिर थोड़ी देर चुप होकर कहने लगता, "मैं बाबूजी, दादी और माँ को मोटल पल बैठाकर घुमाऊँगा।"

उसकी ऐसी बातों को सुनकर दोनों का हृदय धकड़ने लगता। इसी तरह आधी रात बीत गई। आकाश में छोटे-छोटे बादल के टुकड़े नग्न नृत्य कर रहे थे। जिस तरह एक-एक सिपाही एक स्थान पर खड़ा होकर सेना की सृष्टि कर देता है, ठीक उसी तरह बादलों के ये छोटे-छोटे टुकड़े भी आकर इकट्ठे हो रहे थे। देखते-देखते मेघ गरजने लगे। सारा आकाश बादलों से काला हो उठा।

ठीक इसी समय कुमार ने आँखें खोलीं। शिवचरण और तारा का हृदय प्रसन्नता से फूला नहीं समाया।

कुमार बोला, "माँ!"

तारा प्रेम से बोली, "क्या है, बेटा! अच्छे हो न?"

कुमार थोड़ी देर चुप रहकर बोला, "पा...नी"

शिवचरण और तारा ने उठकर उसे पानी पिलाया। कुमार को लिटाकर दोनों

उसी की तरफ़ देखने लगे।

कुमार बोला, "बाबूजी, मेली लेल पल चलोगे? मैं तुम्हें बली दूल ले चलूँगा?"

शिवचरण प्रसन्नता से बोला, "हाँ बेटा, क्यों नहीं चलूँगा?"

कुमार फिर बोला, "माँ, मैं तुम्हें भी अपने साथ ले चलूँगा।"

फिर धीरे से बोला, "मैं दादी के हाथ का दूध पीऊँगा।"

इसके बाद ही उसकी आँखें बन्द हो गईं। हाथ-पैर जोर से काँपने लगे। फिर धीरे-धीरे कँपकँपी कम होने लगी। आँखें उलट गईं। सब कुछ शान्त हो गया।

शिवचरण और तारा एक साथ चिल्ला उठे। पर उस रात्रि के अन्धकार में किसी ने उनकी आवाज नहीं सुनी!

ठीक उसी समय रिमझिम-रिमझिम कर बूँदें भी गिरने लगीं।

कुमार को उठाकर तारा ने हृदय से चिपटा लिया और चिल्ला-चिल्लाकर कहने लगी, "मेरे लाल, मेरे सर्वस्व, मुझे छोड़कर कहाँ जाओगे? बोलो तो मेरे लाल, मैं तुम्हें कहीं नहीं जाने दूँगी। कौन ले जाएगा तुम्हें?"

शिवचरण ने तारा की गोद से जबरदस्ती कुमार को छीनकर अलग कर दिया। तारा उसे छोड़कर अपना सिर और छाती जोर से पीटने लगी। शिवचरण के रोकने पर भी वह उस समय तक न रुकी जब तक कि वह बेहोश होकर गिर न पड़ी।

शिवचरण ने उसके मुँह पर पानी डाला। बड़ी कठिनता से तारा को होश आया। एक बार आँखें खोलकर उसने फिर अपनी आँखें बन्द कर लीं। शिवचरण चुपचाप बैठा रहा। कभी तारा की ओर देख लेता था, कभी कुमार की ओर। शिवचरण का शरीर एकदम सुन्न हो गया था। उसमें जैसे शक्ति ही नहीं रह गई थी!

रात-भर वर्षा होती रही। शिवचरण इसी तरह बैठा रहा। रह-रहकर उसकी आँखों से आँसुओं की धारा फूट पड़ती थी। प्रातः जब कुमार के शव को लोग ले जाने लगे तो शिवचरण का धैर्य का रहा-सहा बाँध भी टूट गया और वह फूट-फूटकर रोने लगा।

(9)

एक महीने तक तारा की तबीयत खराब रही। शिवचरण भी बहुत दुबला हो गया था। उसे देखने पर ऐसा मालूम होता मानो वह कई महीनों का मरीज हो। तारा को भी जब-तब बेहोशी के दौरे आने लगे थे। रह-रहकर उसकी आँखों से आँसू इतने वेग से बहने लगते कि देखने वाला सशंकित हो उठता। एक दिन जब कुमार ने जन्म लिया था तब दोनों के हृदय की अभिलाषा एक हो उठी थी। दोनों की चाह एक थी, आशा एक थी। और आज जब कुमार नहीं है तो दोनों के हृदय की वेदना एक है, दोनों के हृदय की आग एक है।

इन दिनों रह-रहकर तारा को कल्याणी की याद हो आती थी। उसे ऐसा

विश्वास हो गया था कि आज यदि कल्याणी होती तो उसके कुमार की मृत्यु न होती। देवस्वरूपिणी अपनी सास से नाराज होने पर उसे दुःख और अपने ऊपर क्रोध होता। वह सोचती, कल्याणी को दुःखी करने का ही यह परिणाम है।

जब तक मनुष्य स्वयं दुःख अनुभव नहीं करता, तब तक वह दूसरे के दुःख को नहीं समझ पाता। शिवचरण और तारा ने जब स्वयं दुःख का अनुभव किया तब उन्हें पता चला कि माता और पिता के हृदय में अपने पुत्र के प्रति कितना प्रेम होता है। अब उन्हें याद आई कल्याणी की जिसके हृदय में उनके प्रति इतना स्नेह, ममता और प्यार था कि उसकी तुलना नहीं हो सकती।

तारा ने बहुत कुछ सीख लिया था। उसकी इच्छा हो रही थी कि वह कल्याणी के पास जाकर उनके पैरों से लिपट जाए।

एक दिन उसने शिवचरण से कहा, ''क्यों नहीं घर की कुछ ख़बर लाते हो?''

शिवचरण उसकी तरफ़ एकटक देखकर बोला, ''किस मुँह से जाऊँ? एक दिन मैं ही तो उन्हें निस्सहाय छोड़कर भाग आया था। आज दो साल से एक खत भी मैंने नहीं लिखा। अब उन्हें कौन-सा मुँह दिखाऊँ।''

इतना कहकर अपने आँसू छिपाने के लिए वह बाहर चला गया।

तीन महीने बीत गए। इधर दोनों का प्रेम कुछ कम हो गया था। पर आज फिर वह तीव्र हो उठा। दोनों एक-दूसरे का मुँह देखते हुए रात काट देते। दोनों एक ही दुःख से दुःखी थे। पहले दोनों सदा बातें करते, किन्तु आज खोजने पर भी उन्हें कोई विषय नहीं मिलता। पहले समय की कमी थी, आज विषय की।

एक दिन संध्या को उसके दरवाजे पर उसके कस्बे के श्रीराम आ उपस्थित हुए। उन्हें देखकर शिवचरण और तारा दोनों को बड़ी प्रसन्नता हुई। उन्हें जलपान कराने के पश्चात् शिवचरण ने अपनी सारी कहानी उन्हें सुना दी।

सब बातें सुनकर उस वृद्ध की आँखों में आँसू आ गए। एक लम्बी साँस लेकर वे बोले, ''शिवचरण सचमुच तेरा कलेजा पत्थर का है! इतने दिन हो गए, पर तूने उनकी ख़बर तक न ली! आज तेरी माता की जो दशा है, उसे देखकर तो कोई भी मनुष्य अपने आँसू नहीं रोक सकता।''

शिवचरण ने बीच ही में रोककर कहा, ''मेरे माता-पिता की दशा—कैसे हैं वे अब?''

वृद्ध क्षण भर चुप रहकर बोले, ''तुम्हारे पिता अब इस संसार में नहीं हैं! तुम्हारे आने के बाद ही मुंशी जी ने नौकरी कर ली थी। पर इस बुढ़ापे में वे अधिक काम नहीं कर सकते थे। इस कारण निकाल दिए गए। थोड़े दिन तुम्हारी माँ किसी तरह काम चलाती रही। इसी समय नगर में हैज़ा का प्रकोप हो गया। उसके पहले शिकार हुए मुंशी जी। इस समय घर में कोई भी नहीं था। केवल तुम्हारी माँ थी और तुम्हारे दो छोटे भाई। मुझे ख़बर लगी। दौड़ा-दौड़ा वहाँ पहुँचा। आज तुम अपने

पुत्र की मृत्यु से घबड़ा उठे हो। पर उस दिन तुम्हारी माँ का धैर्य देखकर तो मैं आश्चर्य-चकित था। मृत्यु के पहले तुम्हारी माँ को बुलाकर मुंशी जी ने कहा था, "बहूरानी, मैं जीवित न बचूँगा। क्या करूँ, तुम्हें असहाय छोड़कर जाने का साहस नहीं होता। पर जाना ही होगा! आह, अगर शिवचरण अच्छा होता तो मुझे कोई चिन्ता न होती। किन्तु आज..."

बात काटकर तभी तुम्हारी माँ बोली थी, "आप घबड़ा क्यों रहे हैं। अभी आप अच्छे हो जाएँगे। चुपचाप सो रहें।"

"उसी रात तुम्हारे पिता चल बसे। ठीक उसके दो दिन बाद रामचरण की भी हैजे से मृत्यु हो गई...।"

वृद्ध कुछ और कहने जा रहे थे, किन्तु शिवचरण ने उन्हें बीच में ही रोककर कहा, "पण्डित जी, अब रहने दीजिए। मैं अभी घर जाऊँगा।"

इतना कहकर पागल की भाँति वह घर के भीतर चला गया। तारा दरवाज़े के पास खड़ी अपने आँसू पोंछ रही थी।

शिवचरण ने कुरता पहनते हुए कहा, "कुमार की माँ, चलो अब हम घर चलकर अपने पाप का प्रायश्चित्त करें। जो कुछ हो, जल्दी ले लो। अब गाड़ी में अधिक देर नहीं है।"

एक्के से उतरते ही दोनों ने देखा, कल्याणी घर में बरतन साफ़ कर रही है। उन दोनों को देखकर उन्हें आश्चर्य-सा हुआ।

तारा और शिवचरण दोनों दौड़कर उनके पैरों पर गिर पड़े। शिवचरण रोते-रोते बोला, "माँ, मैंने पाप किया है। मुझे माफ़ करो माँ। मैं फिर कभी ऐसी ग़लती नहीं करूँगा।"

इसके आगे वह कुछ भी नहीं कह सका। ज़ोर से माँ का पैर पकड़कर रो पड़ा। कल्याणी ने दोनों को उठाकर एक ही साथ कलेजे से लगा लिया।...फिर सहसा घबड़ाए हुए स्वर से बोल उठी, "बहूरानी कुमार कहाँ है।"

तारा कुछ नहीं बोली उसे ऐसा प्रतीत हुआ जैसे उसका सिर घूम रहा है और वह अभी चक्कर खाकर गिर पड़ेगी। एक ही साथ उसकी आँखों के आगे कई चित्र नाच उठे। उसने देखा कुमार का जन्म, कुमार का रूप, कुमार की मधुर बोली, सुखद प्रतिज्ञा, मीठा चुम्बन और साथ ही भीषण हास्य–कुमार की बीमारी और उस बरसात की रात–भीषण रात–कुमार की मृत्यु और वह धम से ज़मीन पर बैठ गई।

शिवचरण ने भर्राए हुए स्वर में कहा, "माँ कुमार अब नहीं है।"

"क्या?" कहती हुई कल्याणी अपने सिर पर हाथ रखकर बैठ गईं। जिस

नारी की शक्ति ने पति और पुत्र के शव को देखकर भी उसे धोखा नहीं दिया था आज पौत्र की मृत्यु सुनकर और न सह सकी। उनके सामने दो रूप आए मुंशी जी, रामचरण और कुमार। और उनकी आँखों में आँसुओं की धारा तीव्र गति से प्रवाहित हो उठी।

इसी समय शिवचरण का छोटा भाई प्रेमचरण अखबार बेचकर घर पहुँचा। यह दृश्य देखकर उसकी आँखों से भी आनन्द के दो बूँद आँसू टपटप कर धरती पर गिर पड़े।

सन्देह

सन्ध्या के धूमिल प्रकाश में एक युवक हाथ में सिगरेट लिए नैनीताल की पहाड़ियों की तरफ़ बढ़ता चला जा रहा था। इधर-उधर सर घुमाते, पहाड़ियों की शोभा देखते, वह प्रसन्नता से फूला नहीं समाता। वह इस मस्ती से सिगरेट का धुआँ उड़ाता चला जा रहा था कि उसे ज़रा भी अनुमान नहीं हुआ कि उसके पीछे-पीछे एक और युवक आ रहा है। कुछ क्षण बाद युवक रुककर दूर एक छोटी-सी पहाड़ी नदी की तरफ़ देखने लगा। उसी समय किसी ने उसके कन्धे पर हाथ रखा और धीरे-से बोला, ''रघुनन्दन बाबू, नमस्कार!''

युवक ने पीछे फिर कर देखा। पहले तो वह इस दीर्घकाय युवक को पहचान ही न सका, फिर एकाएक बोल उठा, ''अरे, आप तो लक्ष्मी बाबू हैं न?''

लक्ष्मी बोला, ''आप मुझे पहचान भी नहीं सके?'' इतना कहकर वह हँसा।

रघुनन्दन झेंपते हुए बोला, ''माफ़ कीजिए लक्ष्मी बाबू, आपको देखे हुए बहुत दिन हो गए। आपको शायद याद होगा कि मुझसे आपकी मुलाक़ात एक बारात में हुई थी। उसके बाद कितने दिनों से हम मिल नहीं सके हैं। इस अवस्था में याद करना कठिन ही हो सकता है। उस पर इस स्थान पर देखकर। ख़ैर, आइए इस चट्टान पर बैठकर कुछ क्षण विश्राम करें।''

दोनों युवक पास की चट्टान पर बैठ गए। कुछ देर दोनों मौन रहे। दोनों के अन्तस्तल में उस दिन की घटना याद आ रही थी जब अचानक दोनों एक बारात में मिले थे। केवल तीन दिन दोनों साथ रहे, पर इसी बीच दोनों एक-दूसरे के परम मित्र बन गए थे। और एक-दूसरे से अपरिचित होते हुए भी भाई-भाई के सूत्र में बँध गए थे।

निस्तब्धता भंग करते हुए लक्ष्मी ने कहा, ''क्यों रघुनन्दन बाबू, आप क्या कर रहे हैं? शायद यहाँ घूमने आए होंगे, क्यों है न?''

रघुनन्दन, ''मैं तो इस समय बनारस के एक कॉलेज में प्रोफ़ेसर हूँ। और आप?''

लक्ष्मी, ''देखिए न कितने आश्चर्य की बात है। मैं भी तो बनारस ही में हूँ। फिर भी हम लोग एक दिन के लिए भी नहीं मिल सके। मैं तो वहाँ पर दीवानी कचहरी में वकालत करता हूँ। इस समय हम लोग यहाँ गर्मियों की छुट्टी बिताने

आए हैं।"

रघुनन्दन, "हम लोग कौन लक्ष्मी बाबू? क्या आप भाभी के साथ आए हैं?"

हँसकर लक्ष्मी बोले, "जी हाँ।"

रघुनन्दन, "अरे, आपने विवाह कब किया?"

लक्ष्मी, "दो साल हुए। और आप भी शायद..."

बीच ही में रोक रघुनन्दन बोला, "माफ़ कीजिए लक्ष्मी बाबू, मैंने विवाह नहीं किया है। और आज भी मैं एकाकी ही हूँ। विवाह से मुझे कोई विशेष प्रेम भी नहीं है। एक अच्छा पुस्तकालय ही, मेरे लिए सब कुछ है।"

सूरज डूब चुका था। धीरे-धीरे अन्धकार फैलता जा रहा था। आकाश में तारे जगमगा उठे।

लक्ष्मी बाबू बोले, "चलिए रघुनन्दन बाबू, उठिए, आज आपको मेरे यहाँ चलना होगा। हम लोग भी अकेले ही हैं। आपकी भाभी आपको देखकर बहुत प्रसन्न होंगी।"

"चलिए।" धीरे-से रघुनन्दन बोले।

रघुनन्दन के माँ है, पिता है, भाई है, बहिन है; पर एक भाभी का अभाव उसने सदा अपने जीवन में अनुभव किया है और आज इस आशा से कि उसकी वह आशा पूरी हो उठेगी, उनके हृदय में एक अजीब तरह की गुदगुदी-सी होने लगी।

मौन स्तब्ध दोनों पहाड़ी के टेढ़े-मेढ़े रास्ते से उतरने लगे।

एक बँगले के बाहर का फाटक खोलते हुए लक्ष्मी बोले, "यही हमारा निवास-स्थान है रघुनन्दन बाबू।"

बँगले में घुसते ही एक उन्नीस-बीस वर्ष की नवयुवती ने दोनों का स्वागत किया। रंग साँवला, पर चेहरा आकर्षक और सुन्दर, बड़ी-बड़ी आँखें! पतली-सी, लम्बी-सी! उसे देखते ही रघुनन्दन ने धीरे से कहा, "यही आपकी..."

बीच ही में रोककर लक्ष्मी बोले, "जी हाँ।"

दोनों हाथ जोड़कर रघुनन्दन ने कहा, "नमस्कार भाभी जी!"

युवती ने एक बार आश्चर्य से युवक की तरफ़ देखा, फिर उसने भी अपने दोनों हाथ जोड़ दिए।

लक्ष्मी ने परिचय कराया, "यह रहे रघुनन्दन बाबू मेरे दोस्त और रिश्ते में छोटे भाई! और ये श्रीमती सावित्री देवी मेरी... ।"

"आपको देखकर बड़ी खुशी हुई। आइए, भीतर आइए।"—सावित्री ने मधुर कण्ठ से उत्तर दिया।

तीनों जने जाकर कुर्सियों पर बैठ गए। मेज़ पर नौकर ने लाकर चाय का ट्रे रख दिया। चाय शुरू हुई और फिर इधर-उधर की बातें होने लगीं।

तीनों के जीवन ने मिलकर एक नए जीवन, नई धारा की सृष्टि कर दी। तीनों अक्सर साथ रहते। साथ-साथ पहाड़ों की बड़ी-बड़ी चोटियों पर चढ़ते। पहाड़ों से गिरते हुए मनमोहक झरनों को देखते। कभी-कभी सिनेमा भी जाते। एक ही दो दिन में ऐसा प्रतीत होने लगा मानो तीनों वर्षों से साथ रहे हों और तीनों ने एक साथ इसी प्रकार जीवन बिताया है।

सावित्री जिस समय बहू बनकर इस घर में आई थी उस समय उसे संगीत से विशेष प्रेम था। उसके घर के क़रीब-क़रीब—सभी लोग हारमोनियम बजाते, गाने गाते। सावित्री ने भी हारमोनियम और वायलिन में अच्छी शिक्षा प्राप्त की थी। किन्तु इस नवीन परिवार में आकर उसकी वह संगीत-प्रियता बहुत कुछ कम हो गई थी; क्योंकि लक्ष्मी बाबू को कोई विशेष प्रेम संगीत से नहीं था। और न कोई ऐसा ही इस परिवार में था जो उसे इस विषय में प्रोत्साहित कर सकता।

थोड़े ही दिनों में उसके हारमोनियम और वायलिन से लोगों के कान फटने लगे। तब और कोई चारा न देखकर उन दोनों वाद्य यन्त्रों को सावित्री ने ताक पर रखना ही ठीक समझा। किन्तु जब कभी दोनों पति-पत्नी पहाड़ों की सैर करने आते उस समय सावित्री अपने वायलिन का उपयोग कर पाती। और उसकी संगीतप्रियता जाग्रत हो उठती।

इस बार भी इस अभागी नारी ने साल में एक बार अपनी संगीत-विद्या का अभ्यास करना प्रारम्भ कर दिया है। घर पर तो भय के कारण वह कभी भी नहीं बजाती, पर यहाँ उसे अवसर मिलता और वह अपनी साल भर की हविस पूरी करती।

रघुनन्दन कभी-कभी हँसकर कहता, "भाभी, सचमुच आप बहुत अच्छा वायलिन बजा लेती हैं।"

सावित्री कुछ शर्माती हुई कहती, "अरे आप तो मज़ाक़ करने लगे! जहाँ तक मैं समझती हूँ आपने भी कभी इससे शौक़ किया है!"

रघुनन्दन हँसकर कहता, "किया ज़रूर था, पर तब मैं विद्यार्थी था। अब बहुत कुछ उस तरफ़ की तृष्णा कम हो गई है! अब तो मैं भूलने भी लगा हूँ।"

सावित्री उत्साहित होकर कहती, "अच्छा रघुनन्दन बाबू, आप शर्माने लगे न! मैं तो आपके सुनने के ढंग को देखकर ही समझ गई थी कि आपको इससे प्रेम है। पर देखिए, आपको अपनी भाभी की बात मानना ही होगी! ज़रा बजाइए तो!"

इतना कहते-कहते वायलिन रघुनन्दन की गोद में पहुँच जाता।

रघुनन्दन कुछ डरता, झेंपता, शर्माता, वायलिन उठाता और तब उसके हाथ की अँगुली तीव्र गति से बहने लगती, ऐसा प्रतीत होता मानो वह अब इस संसार में नहीं है। वह स्वयं को भूल जाता और तन्मय होकर बजाने लगता। उसे ऐसा प्रतीत होता मानो वह आज तक ऐसा सुन्दर वाद्य नहीं बजा सका है और कभी बजा सकेगा, इसकी भी कोई आशा नहीं। शान्त निस्तब्ध कमरे में उसकी मधुरिमा गूँज उठती। उसकी ध्वनि शान्त होते ही सावित्री के दोनों हाथ एक-दूसरे से बज उठते। वह बोल उठती, "मेरे लाड़ले देवर, आप इतना सुन्दर बजा सकते हैं कि मुझे भय है कि..."

बीच ही में रोककर रघुनन्दन बोल उठता, "अच्छा, बस-बस, अब रहने भी दीजिए! कितना कहती जाएँगी।"

"आप मज़ाक समझ रहे हैं?" सावित्री आश्चर्य से कहती।

"नहीं, फिर भी इतनी तारीफ़ कम से कम मैं आप से नहीं चाहता!"

इसके बाद वह बताने लगता, कैसे, कब और किससे उसने वायलिन सीखा है। दुःख और वेदना के दिनों में वायलिन उसका कितना बड़ा साथी रहा है।

एक दिन रघुनन्दन ने पूछा, "अच्छा भाभी, यह तो बताइए कि कैसे आप भाई साहब को शराब पीने देती हैं! यह कितनी बुरी लत है, क्या आप कभी इसका विचार नहीं करतीं?"

सावित्री एक लम्बी साँस लेकर बोली, "रघुनन्दन बाबू, यही तो मेरी सबसे बड़ी हार है। जब कभी मैं उनसे कहती हूँ कि वे इसको छोड़ दें, तब वे ही मुझे समझाने लगते हैं, "अगर मैं छोड़ दूँगा तो मैं अफसरों को खुश न कर सकूँगा और मेरी आमदनी और दावतों पर ही निर्भर है। उसके लिए जलसे, और दावतों में शामिल होना आवश्यक है। उसमें शामिल होने का मतलब है शैम्पेन और ब्राण्डी की दो-एक बोतलें खाली करना! इस बात का मैं क्या जवाब दूँ! पर क्या रघुनन्दन बाबू, सचमुच उनकी बातें ठीक हैं? पति के कारण कभी उनकी बातों पर मैंने अविश्वास नहीं किया है, फिर भी एकदम मान लेना भी तो ठीक नहीं जँचता!"

"मुझे तो भाभी इन सोसाइटियों का अनुभव नहीं है! शायद भाई साहब की बातें ठीक हों!" इतना कहकर एक ठण्डी साँस लेकर वह इधर-उधर देखने लगता। दोनों पास ही पास के मकानों में रहते थे, जिसके कारण मिलने-जुलने में कोई कठिनाई न होती! कभी-कभी रघुनन्दन लक्ष्मी बाबू के यहाँ ही खाता और भाभी का वह लाड़-प्यार से खिलाना उसे इतना अच्छा लगता कि उसकी इच्छा होने लगती कि वह सदा इसी भाँति रहता तो कितना अच्छा होता!

इसी तरह आनन्द में एक महीना कैसे व्यतीत हो गया, यह किसी को भी मालूम न हुआ। लक्ष्मी बाबू के समय का काफ़ी भाग दावतों और जलसों में व्यतीत होता। उस अवस्था में रघुनन्दन और सावित्री एक-दूसरे के अधिक निकट आ गये

इसमें आश्चर्य की बात नहीं।

पहाड़ की सुरम्य चोटियों पर चढ़ते हुए सावित्री ने कहा, "अच्छा रघुनन्दन बाबू, हम लोग तो अब दो-एक रोज़ में यहाँ से चले ही जाएँगे, आप शायद यहाँ रहेंगे?"

रघुनन्दन ने लक्ष्मी बाबू से पूछा, "क्यों क्या यह सही है।" लक्ष्मी ने हाँ कहकर इसे स्वीकार किया।

"आप लोग कब जा रहे हैं?" रघुनन्दन ने आश्चर्य से पूछा।

"शायद परसों। आपकी छुट्टी तो अभी होगी ही, पर इनकी छुट्टी तो अब समाप्त हो रही है।" सावित्री ने जवाब दिया।

रघुनन्दन को ऐसा प्रतीत हुआ मानो अब उसका यह सुख-स्वप्न लुप्त हो जाएगा। कैसे वह इस स्थान में एकाकी इस परिवार की अनुपस्थिति में रह सकेगा, यह एक समस्या हो उठी थी। उसने उड़ते हुए चेहरे से पूछा, "अच्छा भाई साहब, क्या आप दो-तीन दिन और नहीं रुक सकेंगे? अगर रुक जाते तो शायद मैं भी आप के साथ चल सकता। आप लोगों के परिवार से एक अजीब-सा स्नेह हो गया है और विशेषकर इस स्थान में, जहाँ हमारे मिलन का प्रारम्भ हुआ है, मुझे कदापि अच्छा नहीं लगेगा।"

लक्ष्मी—"नहीं रघुनन्दन, यह असम्भव है। चार रोज़ में कचहरी खुलेगी, मेरा वहाँ दो-एक दिन पहले पहुँचना आवश्यक है!"

रघुनन्दन ने एक ठण्डी साँस ली और आगे बढ़ा। क्षण भर चुप रहकर सावित्री बोल उठी, "क्यों रघुनन्दन बाबू, आप परसों क्या हम लोगों के साथ नहीं चल सकेंगे? आपके बिना वहाँ मुझे अच्छा नहीं लगेगा।"

बात कब, कैसे, किस स्वर में कही गई, इसे सोचते ही सावित्री का मुँह लाल हो उठा। लक्ष्मी ने एक बार आश्चर्य, शंका, भय, सन्देह से सावित्री की तरफ़ देखा, फिर सब आगे बढ़ने लगे। यह छोटी-सी बात इन तीनों के हृदय में क्या से क्या बन उठी है, यह विधाता के सिवा और कोई भी नहीं जान सका।

बनारस पहुँचते ही रघुनन्दन का मकान बदल कर लक्ष्मी बाबू के मकान के पास जा पहुँचा। लक्ष्मी बाबू दिन भर तो कचहरी में रहते। सन्ध्या को लौटकर कुछ देर आराम कर फिर अपने दोस्तों की पार्टी के लिए चल पड़ते। ऐसी अवस्था में अकेली सावित्री अपने कमरे में पड़ी रहती। उसके हृदय में अपार वेदना होती। अकेले दिन काटना कठिन हो उठता। ग्यारह-बारह बजे रात में लक्ष्मी बाबू लौटते। पैर लड़खड़ाते होते। आँखें चढ़ी होतीं। मुँह से जो दुर्गन्ध आती उसे सहना ही कठिन

होता। किसी तरह करवट बदलकर आँखें मींचकर सावित्री रात काट देती।

इस तरह दिन बीत रहे थे। कभी रघुनन्दन सावित्री के यहाँ जाता। पहले कभी-कभी। फिर रोज़। दोनों बैठकर बातें किया करते। कभी साहित्य की, कभी संगीत की। कभी सिनेमा जाते, कभी गंगा की लहरों पर नौका विहार करते। दोनों के जीवन में एक-एक कमी थी, पर अब दोनों पूरी होने लगी थीं।

पहले तो लक्ष्मी बाबू ने इस तरफ़ ध्यान नहीं दिया, फिर उन्हें कुछ शक होने लगा। वे अब ग्यारह की जगह जल्दी लौटते और सशंक दृष्टि से सावित्री और रघुनन्दन को देखते।

इसी समय एक दिन एक घटना हो गई। रात के क़रीब नौ बजे थे। सुन्दर सजे हुए कमरे में सावित्री और रघुनन्दन बैठे हुए थे। अभी-अभी दोनों ने वायलिन बजाना बन्द किया था।

सावित्री ने पूछा, "अच्छा रघुनन्दन बाबू क्या प्रेम के लिए वासना आवश्यक है।"

रघुनन्दन एक क्षण तक स्तब्ध रहा फिर बोला, "आज तक इस विषय पर मैं कितनी ही बार सुनता आया हूँ! लाखों बार प्रश्न किया गया है प्रेम क्या है! वासना क्या है! दोनों का सम्बन्ध क्या! मैं समझता हूँ प्रेम और वासना में अन्तर है। प्रेम हार्दिक सम्बन्ध है! वासना शारीरिक। किसी-किसी के लिए दोनों साथ-साथ चला करते हैं पर हर एक के लिए ऐसी बात नहीं है।"

सावित्री—"ठीक ही तो कह रहे हैं रघुनन्दन बाबू! मैंने सुना है, संसार कहता है प्रेम करते ही बुरी भावना आ जाती है। मैं मानती हूँ कि कुछ मनुष्यों के लिए यह सत्य है, पर यह सब के लिए वैसा ही है ऐसा कम-से-कम मैं नहीं मानती।"

सावित्री कुछ और कहने ही जा रही थी कि इतने में कोई परदे की आड़ से बाहर आकर लक्ष्मी बाबू की गरजती हुई आवाज़ सुनाई दी—"बस-बस रहने दीजिए। माफ़ कीजिए रघुनन्दन बाबू, आप ऐसे नीच और अधम निकलेंगे, कम-से-कम मुझे ऐसी आशा आप से नहीं थी। और यह सती सावित्री, इनकी बात रहने दीजिए। आप दोनों मिलकर प्रेम की बातें करते हैं और प्रेम का नाटक खेलते हैं मुझे यह मालूम नहीं था। निकलिए, हमारे घर से बाहर निकलिए।"

जिस तरह अकस्मात् बिजली गिर जाने से हो जाता है, ठीक उसी तरह दोनों आश्चर्यचकित होकर खड़े रहे। कुछ क्षण बाद रघुनन्दन बाबू ने आँख उठाकर ऊपर देखा। लक्ष्मी बाबू की आँखें चढ़ी हैं, बाल बिखरे हैं, पैर लड़खड़ा रहे हैं। धीमे स्वर में उन्होंने कहा, "लक्ष्मी बाबू, आप होश में नहीं हैं। ज़रा समझ कर बोलिए। ज़रा होश तो सँभालिए। सोचिए तो हम क्या बातें कर रहे थे।"

लक्ष्मी बाबू बीच ही में रोककर चिल्ला उठे, "ज़रा होश में आप ही आइए। दूसरे के घर में बैठकर इस तरह प्रेम की बातें, उसी की स्त्री के साथ करने का

साहस आप ही कर सकते हैं रघुनन्दन बाबू और यह सती सावित्री न। मैंने तो कभी स्वप्न में भी नहीं सोचा था कि ये इतनी महान हैं। और आप? एम.ए. पास हैं न। शिक्षक भी हैं। निकलिए हमारे घर से। अभी आप खड़े हैं।''

रघुनन्दन की आँखें एक बार चमक उठीं। बात कहाँ से कहाँ पहुँच चुकी है इसे याद करते ही क्रोध से वह नाच उठा। अपनी भाभी की तृष्णा जो एक बार उसके हृदय में महान थी, उसका परिणाम कहाँ से कहाँ पहुँच गया है, इसे कौन समझता था। लाल-लाल आँखें करके उसका प्राफ़ेसर का शब्द गूँज उठा—''लक्ष्मी बाबू, मैं तो जा रहा हूँ; पर एक दिन समझेंगे आप अपनी भूल को। तब आप समझेंगे कि आपकी स्त्री सचमुच सती सावित्री से कम नहीं है, पर आप सत्यवान न हैं, न हो सके। आप जैसे मनुष्य के लिए ऐसी पतिव्रता स्त्री नहीं चाहिए।'' इतना कहकर धप-धप पैर करते वे बाहर निकल गए। सावित्री मौन स्तब्ध चुपचाप खड़ी रही।

नारी के लिए उसके सतीत्व के ऊपर झूठे कलंक से बढ़कर और क्या कलंक हो सकता है! इतने ही में सावत्री के सिर पर धड़धड़ जूते गिरने लगे। लक्ष्मी बाबू कहते जा रहे थे ''ले, अपनी करनी का फल ले।''

क्षण ही भर में जब सावित्री बेहोश होकर गिर पड़ी तब लक्ष्मी बाबू अपने कमरे में जाकर पड़ रहे।

रघनुन्दन की आँखों में नींद नहीं। चुपचाप अपने बिस्तर पर पड़े रहे। उन्हें सारा संसार सूना प्रतीत होने लगा। सावित्री इस लांछन को सहकर कैसे जीवित रह सकेगी? क्या स्त्री-पुरुष का मिलना ठीक नहीं है? विवाह क्या पुरुष को इतना बाँध देता है कि स्त्री किसी पुरुष से बातचीत नहीं कर सकती है? आह कितनी परवशता है भारतीय नारी की। यही प्रश्न बार-बार उनके मस्तिष्क में चोट कर रहा था। उन्हें संसार से विराग हो गया था। ''अब मैं यह नौकरी नहीं कर सकूँगा'' वे बड़बड़ाए। बार-बार उनकी आँखों से परवशता, निराशा और वेदना के आँसू निकलकर सूख जाते।

प्रातः होते ही लक्ष्मी बाबू की नींद खुली। रात की घटनाएँ उनकी आँखों में नाच उठीं। उन दोनों की एक-एक बातें वे याद करने लगे। वे सन्देह की बातें अवश्य थीं। पहले ही से उन्हें कुछ शक था। अब उन्हें ऐसा प्रतीत होता मानो जो कुछ भी उन्होंने किया है वह ठीक नहीं था। बहुत जल्दबाज़ी की उन्होंने। थोड़ा पश्चात्ताप, फिर भी उससे अधिक उन्हें सन्देह था, साथ में महान क्रोध।

वे धीरे-से उठकर सावित्री के कमरे में गए। सावित्री ज़मीन पर औंधी पड़ी थी। पास ही दो पत्र पड़े थे। लक्ष्मी बाबू ने काँपते हुए हाथों से दोनों पत्र उठाए

और पढ़ने लगे—

'प्रियतम!

जिस समय तुम्हें यह पत्र मिलेगा उस समय मैं तुम्हारे सुखमय जीवन को दुःखी बनाने के लिए उपस्थित नहीं रहूँगी। पर एक बात तुम्हें बता दूँ। मैंने सदा तुम्हें ही पति जाना है, रघुनन्दन मेरे सगे भाई की तरह रहे हैं। तुम्हारा सन्देह झूठा था, इसे ही साबित करने के लिए मैं जा रही हूँ।

—तुम्हारी,

सावित्री'

नोट—जो बात हम कल कर रहे थे उसकी एक कॉपी इसी के पास है, पढ़ लेना।

लक्ष्मी बाबू ने उसे खोला, पढ़ा। सावित्री की बात की सत्यता उनके मस्तिष्क में नाच उठी। 'सावित्री-सावित्री' वे चिल्लाए, उसे हिलाया-डुलाया। पर जो मर चुकी थी वह न उठी। फिर उसी के पैर पर गिरते ही वे रो पड़े। उनकी आँखों के आँसू मानो रुकने का नाम ही नहीं लेते।

इसी समय रघुनन्दन बाबू ने कमरे में प्रवेश किया। धीरे से आँसू पोंछकर वे एकटक देखते रहे, उस करुणामय दृश्य को!

उन्हें देखते ही लक्ष्मी बाबू दौड़कर उनके पैरों पर गिर पड़े और चिल्ला उठे, "माफ़ कीजिए रघुनन्दन बाबू, मैंने सन्देह कर भूल की!" उनका गला रुँध गया।

रघुनन्दन ने आँसू रोककर कहा, "जिसकी ग़लती की है उसी से माफ़ी माँगिए। मैं भी जा रहा हूँ लक्ष्मी बाबू! मैंने यहाँ की नौकरी से इस्तीफ़ा दे दिया है। मेरे ही कारण आप ने सन्देह किया। कम से कम कहीं और जाकर इसका प्रायश्चित्त करूँगा।"

इतना कहकर एक बार सावित्री की तरफ़ देखकर वे धप-धप पैर करते बाहर निकल गए।

लक्ष्मी बाबू ने देखा कि एक टाँगे पर सामान रखा है। उसी पर जाकर रघुनन्दन बाबू बैठ गए। लक्ष्मी बाबू ने रोकना चाहा; पर रोक न सके। उनकी आँखें एक बार चमक उठीं। टाँगा चला।

उसी के साथ दो बूँद आँसू गिरे और लक्ष्मी बाबू धप से ज़मीन पर बैठ गए।

समाज की वेदी पर

(1)

जाड़े का महीना था। कड़ाके का जाड़ा पड़ रहा था। मैदानी प्रदेशों में अधिकतर कोहरा नहीं पड़ता। पर इस साल प्रयाग में प्रातः आठ बजे के पहले बाहर निकलना कठिन हो गया था। माघ के महीने में त्रिवेणी-स्नान का पर्व था। धर्म पर मर मिटने वाले हिन्दू अपना सब कुछ त्याग कर हज़ारों मीलों से दौड़े गंगा-माता का दर्शन कर, संगम के पवित्र जल को स्पर्श कर अपने पाप को धोने चले आ रहे थे।

प्रयाग में यमुना के पुल के पास किले की तरफ़ जो सड़क चली जाती है, उसी पर एक मकान किराए पर लेकर मैं रहा करता था। माघ का एक पर्व आज भी मेरी आँखों में नाच उठता है। अर्द्ध-रात्रि ही से 'गंगा-माता की जय' तथा तरह-तरह के गीतों से मेरी नींद खुल गई, मैं सोया न रह सका। शाल ओढ़कर कुरसी पर बैठकर मैं एकटक सड़क की तरफ़ देखने लगा।

मेरी आँखों के सामने से हज़ारों मनुष्य उस रात्रि में चले जा रहे थे। आकाश में चन्द्रमा चमक रहा था और उसके आसपास हज़ारों तारे! पर कोहरे के कारण उनको देख सकना कठिन हो रहा था। सिर पर बड़ी-बड़ी पगड़ी और पैरों में बड़े-बड़े जूते पहने हुए बुड्ढे, उनके पीछे घँघरी पहने हुए स्त्रियाँ हँसती-गाती उस जाड़े में भी मग्न हो त्रिवेणी की तरफ़ बढ़ी चली जा रही थीं। उनके हृदय में उल्लास था; एक ममता थी और त्रिवेणी में सबसे पहले पहुँचकर स्नान कर अपने को पवित्र करने की अभिलाषा थी। एकटक मैं इन मनुष्यों को देखता रहा। द्वितीय विश्वयुद्ध भीषण रूप ले रहा था। मुझे लगा, कदाचित् रूसी सैनिक इसी भाँति उल्लास और आकांक्षाओं से जर्मन सेना का मुक़ाबला करने के लिए बढ़ते जाते होंगे। पर दोनों की प्रवृत्तियों में कितना अन्तर फिर भी उल्लास और साधन में कितनी समता।

यह सब सोचता हुआ मैं आठ बजे तक बैठा रहा, इसका मुझे ज़रा भी ध्यान नहीं रहा। पर घड़ी देखते ही मैं खड़ा हो गया। त्रिवेणी मुझे अपनी तरफ़ खींचने लगी। जल्दी से कपड़े पहन एक शाल कन्धे पर रख, हाथ में छड़ी लेकर, मैं भी इसी जन-रव में मिल गया और आगे बढ़ने लगा।

(2)

त्रिवेणी के माघ मेले को यदि हम भिखारियों की प्रदर्शनी कहें, तो शायद अत्युक्ति नहीं होगी। भाँति-भाँति के भिखारी, दूर-दूर से दाताओं का भला मनाते इस बार भी आ उपस्थित हुए थे।

किसी के हाथ थे, तो पैर नहीं; किसी के पैर थे, तो हाथ नहीं। कितनों ही के कोढ़ से भर शरीर देखकर रोम-रोम काँप उठते थे। भाँति-भाँति के भिखारी सड़क के दोनों तरफ़ बैठे हुए चिल्ला-चिल्लाकर पेट की दुहाई दे रहे थे। मैं इन्हें ही देखता हुआ आगे बढ़ रहा था। सहसा मेरी निगाह एक भिखारिन पर पड़ी। उसकी अवस्था करीब तीस वर्ष की थी। मैले-फटे कपड़े पहने हुए उस भिखारिनी को देखकर कोई सहसा उसके भिखारिनी होने में विश्वास नहीं कर सकता था। उसके गाल पिचके थे; शरीर पर मांस का नाम भी नहीं था, फिर भी उसकी बड़ी निस्तेज आँखें, सुन्दर नोकीली नाक, पतले सूखे होंठ, काली भवें देख अकस्मात् मुँह से निकल पड़ता, "वह अवश्य एक दिन परम सुन्दरी रही होगी।" मैं दूर पर खड़ा होकर उसे देख रहा था। सहसा न जाने क्यों, उसके नज़दीक जाकर खड़ा हो गया और एकटक उसकी तरफ़ देखने लगा। वह भी मेरी तरफ़ देखने लगी, मेरे मुँह से एकाएक निकल पड़ा 'विदुला भाभी आप?' और हम दोनों एक-दूसरे की तरफ़ आँखें फाड़कर देखने लगे। जिस तरह बिजली एक बार चमककर सारे संसार को ज्योतिर्मय कर देती है, ठीक उसी तरह मेरे मस्तिष्क में आज चार साल पहले की घटना नाच उठी।

(3)

एफ़.ए. पास करने के बाद घर वालों के विचार के विरुद्ध भी, जब मैंने लखनऊ जाकर बी.ए. में नाम लिखा लिया, उस समय मेरी प्रसन्नता का ठिकाना न रहा। होस्टल में जगह मिल गई, पर मैं केवल सोने ही के समय होस्टल आता था, नहीं तो दिन भर घूम-घूमकर लखनऊ की सुन्दर-सुन्दर अट्टालिकाओं और बड़ी-बड़ी ऐतिहासिक इमारतों को देखता रहता। अपने छोटे शहर से इतने बड़े शहर में आकर मैं प्रसन्नता से नाच उठा था। इच्छा होती, हमेशा लखनऊ घूमा करूँ। इसी दौड़-धूप के बाद एक दिन जब मैं लौटा, उस समय मेरा शरीर तवे के समान जल रहा था। कमरे में जाकर मैं बिस्तर पर पड़ गया।

दूसरे दिन प्रातः जब उठा, उस समय भी मेरा शरीर वैसा ही गर्म था। शरीर में उठने की भी ताक़त नहीं थी। किसी तरह उठकर मैंने दरवाज़ा खोल दिया और फिर आकर बिस्तर पर लेट गया। नौकर आया। कमरा साफ़ करते समय उसने मुझसे पूछा, "बाबूजी, आपकी तबीयत क्या ठीक नहीं है?"

मैंने कहा, "नहीं, मुझे रात से बुख़ार है।" उसने शरीर छूकर देखा, फिर चला गया।

थोड़ी देर बाद डॉक्टर आए; वार्डन आए और उसके साथ ही एक लम्बा-सा युवक आया। उसका कसरती शरीर, सुन्दर चेहरा अकस्मात् ही मनुष्य को अपनी ओर आकर्षित कर लेता था। डॉक्टर और वार्डन तो चले गए, पर वह वहीं कुरसी खींचकर बैठ गया। फिर मेरी तरफ़ देखकर बोला, "आप मुझे पहचानते हैं?"

"नहीं" मैंने धीरे-से जवाब दिया।

"मैं आपके बग़ल के कमरे में रहता हूँ। इस साल मेरा बी.ए. फ़ाइनल है। आप तो कभी रूम में रहते ही नहीं। आपके यहाँ कोई रिश्तेदार होंगे?"

मैंने सिर हिलाकर उसे बताया कि मेरा यहाँ कोई भी नहीं है। एकटक मेरी तरफ़ देखकर वह बोला, "आप घबराइए नहीं। मैं बराबर आपके पास रहूँगा।"

मैं एकटक उसकी तरफ़ देखने लगा, फिर थोड़ी देर बाद मैंने पूछा, "आपका नाम?"

वह हँस पड़ा, फिर बोला, "मेरा नाम नरेश और आपका नाम सुशील है न?" मैंने सिर हिलाकर अपनी स्वीकृति दे दी।

इसके बाद 15 दिन तक मैं बुख़ार में पड़ा रहा 102 डिग्री से 105 डिग्री तक बुख़ार रहता। मुझे तो याद नहीं पर बाद में मैंने सुना मैं सदा अकबक बोलता रहता पर नरेश बराबर मेरे पास बैठा रहा। रात-रात-भर जागकर उसने मेरी सेवा की। जिस दिन मैं ठीक हो गया, उस दिन उसकी प्रसन्नता का ठिकाना नहीं रहा। उस समय की उसकी हँसी कितनी मधुर थी कितनी सुखद। मुझे आश्चर्य होता है, कैसे उसने मुझ जैसे एक अपरिचित के लिए इतना सब किया। उस दिन अगर वह नहीं होता, तो शायद मैं बच भी नहीं सकता था।

मेरी बीमारी की खबर पाकर मेरे पिता, मेरी बहिन और माँ सभी आ गए थे। नरेश ने उन लोगों को ढाढस बँधाया और एक मकान पास ही लेकर उसने उन लोगों का सब बन्दोबस्त कर दिया। जब कभी मेरे पिता संकोच करते, उस समय वह फ़ौरन पैर छूकर कहता, "मुझसे संकोच न कीजिए; मैं भी तो आपका पुत्र ही हूँ। फिर मेरे रहते, आप लोगों को तकलीफ़ न होने दूँगा।"

जब कभी मेरे पिता उसे 'आप' कहकर सम्बोधित करते, उस समय वह आश्चर्यचकित होकर कहता, "मुझे 'आप' मत कहिए, मैं तो आपका पुत्र ही हूँ।" इन सब बातों से मेरे पिता उसे अपने पुत्र के ही समान मानने लगे।

मैं अच्छा हो गया था। उसने मेरे साथ उन लोगों को लखनऊ शहर दिखाया। एक-एक जगह पर जाकर वह उस स्थान के बारे में उन लोगों को बताता। ऐसा प्रतीत होता, मानो हम लोगों का उससे बहुत दिनों का परिचय है। इसके बाद जिस दिन पिताजी जाने लगे, उस समय उसकी आँखों में आँसू आ गए और उसने

हाथ जोड़कर कहा, "मुझे भूलिएगा नहीं।"

पिताजी ने उसे हृदय से लगा लिया। उसकी आँखों से आँसू गिरने लगे। उन्होंने धीरे से मुझसे कहा, "सुशील, यह तुम्हारा अपना भाई है। इसके साथ मैं तुम्हें जंगल में भी छोड़ सकता हूँ। इसे अपना बड़ा भाई ही समझना।"

इसके बाद दिन बीतने लगे। हम दोनों बराबर साथ रहते। कभी भी हम कहीं अकेले नहीं जाते। इस तरह देखकर लड़के हमें चिढ़ाते, पर हम दोनों हँस देते। हमें ऐसा प्रतीत होता, मानो हम दोनों एक-दूसरे से अलग होकर जीवित ही नहीं रह सकेंगे।

बड़े दिन की छुट्टी के बाद मैंने नरेश में कुछ परिवर्तन की रेखा देखी। छुट्टी में वह यहीं रह गया था। मैंने कितना कहा, पर उसने हँसकर टाल दिया, बोला, "मेरा फ़ाइनल है; मुझे बहुत पढ़ना है। तुम जाओ; मेरा सबसे प्रणाम कह देना।" मैं इस अकस्मात् परिवर्तन का कारण नहीं समझ सका। वह अब कभी-कभी अकेले ही संध्या के बाद घूमने निकल जाता और अक्सर अकेले बैठकर मौन होकर सदा कुछ सोचा करता। मेरी समझ में कुछ भी नहीं आता। पर रह-रहकर मुझे दुःख होता और इसका कारण जानने की उत्सुकता बढ़ती जाती। इसके थोड़े ही दिनों बाद होस्टल में अफ़वाहें उड़ने लगीं। लड़के कहने लगे, "नरेश क्यों चौक में घूमा करता है? ऐसी बात तो उसमें कभी भी नहीं थी!"

मेरा माथा ठनका। मैं एक बार चौक में गया था। एक पतली-सी गली के दोनों तरफ दो-मंज़िले मकानों के कोठे पर वेश्याओं की, लखनऊ के चौक में कमी नहीं है। सन्ध्या को जब सज-धजकर देश्याएँ अपने शिकार की फ़िक्र में कोठे पर आ बैठती हैं, उस समय लखनऊ का चौक इन सुन्दरियों की सुन्दरता से जगमगा उठता है। यह सब सोचकर मुझे सहसा विश्वास नहीं हुआ कि नरेश—मेरा नरेश—कभी भी वहाँ जाने का साहस कर सकता है।

मैं नरेश को बहुत ही थोड़े समय से जानता था; पर मुझे विश्वास था इन थोड़े ही दिनों में, मैं उसके निकट तक पहुँच सका था। यह मुझे असम्भव-सा प्रतीत हुआ कि जो कभी भी मनुष्य किसी स्त्री के सामने आँख उठाकर नहीं देख सकता था, वही इतना बड़ा साहस करेगा? इसी कारण उसके चरित्र के विषय में अविश्वास करने का मुझे साहस नहीं हो सका।

जब अफ़वाहें अधिक बढ़ गईं, तब एक दिन मैंने उससे इसके विषय में पूछने का निश्चय किया। रात के दस बजे थे। वह मेरे कमरे में बैठा था। इधर-उधर की बातें करके, सहसा हम लोग चुप हो गए थे। उसी समय मैंने धीरे से पूछा, "क्यों भैया, यह कैसी अफ़वाहें सुन रहा हूँ?" मैं प्रश्न करते ही एकबारगी काँप उठा, पर यह विचार कर कि मैं उसका मित्र हूँ और मेरा कर्तव्य है कि अगर वह किसी गड्ढे में गिर रहा हो, तो मैं उसे गिरने से बचा लूँ, मैंने अपने हृदय को

कड़ा कर लिया।

क्षण भर वह मेरी तरफ़ देखता रहा, फिर सहसा मेरा हाथ अपने हाथ में लेकर उसे दबाते हुए बोला, "उन बातों पर तुमने विश्वास किया?"

"नहीं।" मैंने कहा।

वह बोला, "कई दिनों से मैं सोच रहा हूँ कि तुमसे सब बातें कह दूँ, पर मुझे साहस नहीं हुआ। पर सच बताओ, क्या तुम्हें भी मेरे चरित्र पर सन्देह हुआ?"

मैं बोला, "नहीं। तुम्हारे चरित्र पर अविश्वास करने का साहस मैं नहीं कर सका और ईश्वर से प्रार्थना है कि वह कभी ऐसा अवसर न दे।"

मेरा हाथ दबाकर वह बोल उठा, "विश्वास मानो, किसी भी स्त्री को मैंने माँ-बहिन के सिवा और कुछ भी नहीं समझा। और जब तक मेरा विवाह नहीं हो जाएगा, तब तक तो सारी नारी जाति को, और विवाह हो जाने के बाद अपनी स्त्री के सिवा और सभी को, मैं इसी दृष्टि से देखूँगा।"

मैं एकटक उसकी तरफ़ देखता रहा। उसने मेरा हाथ छोड़ दिया, फिर कुरसी पर सीधे बैठकर कहने लगा, "आज तुम्हें मैं सब बता दूँगा! बड़े दिन की छुट्टी में, मैं यहीं रह गया था। तीन-चार दिन मैं होस्टल से कहीं बाहर नहीं गया था। मेरी तबीयत बहुत घबड़ा रही थी। इस कारण एक दिन सन्ध्या को घूमने के लिए निकल पड़ा। अजायबघर के पास उसी दिन अपने एक मित्र से मेरी मुलाक़ात हो गई। हम दोनों एक ही स्कूल में पढ़ते थे, पर वह हमसे तीन साल आगे था। फिर भी हम दोनों में खूब मित्रता हो गई। बी.ए. पास कर उसने आर्यसमाज में काम करना शुरू कर दिया था। उसके हृदय इस समाज सुधार के प्रति एक आग थी और उसको मिटाने की, इस समाज के प्रति विद्रोह करने की उसमें क्षमता थी। उसने मुझे देखते ही बुलाया, फिर हम एक-दूसरे से गले मिले और बैठकर बातें करने लगे।

"उसने मुझे बताया कि वह लखनऊ एक विशेष काम से आया है। चौक में एक वेश्या रहती है। पर आज से पन्द्रह साल पहले वह एक भले घर की स्त्री थी। बीस वर्ष की उम्र में वह विधवा हो गई। उस समय उसके एक वर्ष की लड़की के सिवा कोई नहीं था। उसके घर में उसका देवर रहता था। उसका अभी विवाह नहीं हुआ था। उसने उसे फुसलाया और धीरे-धीरे अपने वश में कर लिया। एक दिन उसने अपने जीवन की सबसे बड़ी निधि उसे समर्पित कर दी। पर जब थोड़े दिनों में उसके देवर ने सुना कि उसकी भाभी के पेट में बच्चा है, उस समय वह काँप उठा और उसने उसे दुश्चरित्र कहकर घर से निकाल दिया। गर्भवती स्त्री अपनी छोटी लड़की को लेकर इधर-उधर घूमती रही। उस समय उसकी अवस्था 21 वर्ष की थी। लड़का पैदा हुआ, पर मरा हुआ। इसके बाद भीख माँगती हुई अपनी लड़की के साथ वह लखनऊ आई और यहाँ पर आकर वेश्या हो गई। उसकी वही लड़की

आज अठारह वर्ष की एक युवती है। वह वेश्या चाहती नहीं है कि उसकी लड़की विदुला भी वेश्या हो, इस कारण वह उसका विवाह करना चाहती है। मैंने उसकी इच्छा पूरी करने की प्रतिज्ञा की है इसीलिए यहाँ आया हूँ।'' नरेश ने एक ठण्डी साँस ली।

इसके बाद उसने कहा, ''चलो, मैं उससे तुम्हारी मुलाक़ात करा दूँ। मैं यहाँ नहीं रहूँगा। तुम्हें कोई ऐसा मित्र मिले तो मुझे बताना जिससे यह लड़की वेश्या होने से बच सके।''

मैं उसके साथ चौक के एक कोठे पर जा खड़ा हुआ। जाते हुए मुझे झिझक हुई; झेंप लगी; पर मैंने मन को समझाया–मैं कोई पाप करने नहीं जा रहा हूँ और मैं बेधड़क ऊपर जाकर बैठ गया।

''मेरे सामने ही एक युवती और एक अधेड़-स्त्री बैठी हुई थी। मेरे मित्र ने मेरा परिचय कराया। वह स्त्री थोड़ी देर बाद बोली, 'बाबूजी, हम लोगों से आप घृणा करेंगे; पर जिस अवस्था में मैंने यह पेशा उठाया है, उस अवस्था में हर एक विवश स्त्री शायद यही करती। मैं जानती हूँ, यह पेशा अच्छा नहीं है, पर पेट के लिए तो कुछ करना ही पड़ता है; परन्तु मैं अपनी बेटी को यह पेशा नहीं करने दूँगी, इतना विश्वास मानिए। और अगर इसका विवाह हो गया, तो उसके बाद मैं जाकर काशी या प्रयाग में रहूँगी। मुझे अब इस जीवन से घृणा हो गई है।'' उस स्त्री की आँखों में आँसू आ गए। इसके बाद बहुत-सी बातें होती रहीं।'

नरेश क्षणभर तक चुप रहा फिर बोला, ''मैं अक्सर वहीं जाया करता हूँ। सच मानो भाई, अगर कोई और विदुला से विवाह करने के लिए तैयार नहीं होगा, तो मैं स्वयं ही उससे विवाह कर लूँगा।''

उसकी इस बात को सुनकर मैं उसकी तरफ देखने लगा। अपने संकुचित विचारों से मुझे सहसा ऐसा प्रतीत हुआ, मानो यह मनुष्य नीचे गिर रहा है। एकबारगी मेरा चेहरा सफ़ेद हो गया। उसने इस तरफ़ ध्यान नहीं दिया। वह बोला, ''वह पढ़ी-लिखी है। मैट्रिक पास है। मैं भी बी.ए. पास करके कोई नौकरी कर लूँगा, नहीं तो रोज़गार करूँगा। उसकी माँ हमें रुपया दे देगी। फिर हमें चिन्ता क्या है।''

मैंने साहस करके कहा, ''लेकिन भविष्य में होनेवाले तुम्हारे बच्चों की क्या दशा होगी और तुम अपने परिवार में एक वेश्या की बेटी से विवाह कर कैसे रह सकोगे?''

वह बोल उठा, ''समाज? समाज क्या है? हम लोग ही तो समाज हैं? अगर पुरातन विचारों से ग्रसित समाज हमें आगे नहीं बढ़ने देना चाहते, तो क्या हम पीछे लौट जाएँ? भाई अगर हमें सफलता प्राप्त करनी है, तो हमें समाज का कुछ भी डर नहीं है। हमें समाज को परिवर्तित करना है। एक ऐसे सुन्दर समाज की

सृष्टि करनी है, जहाँ ऊँच-नीच का भेद न हो—सब बराबर हों। कोई बेकार न हो। जहाँ प्राचीन रूढ़ियाँ और अन्धविश्वास न हों। संसार बहुत आगे बढ़ गया है। हमारी जन्म-भूमि आज संसार की दौड़ में पीछे है। उसे आगे बढ़ाना होगा। भारत में एक सामाजिक विप्लव करना होगा जिसके नीचे सारा रूढ़िवाद, सारा भेद-भाव, नष्ट हो जाएगा—जहाँ हम केवल भारतीय होंगे—स्वतन्त्र होंगे। मुझे इन छोटी-छोटी बातों की चिन्ता नहीं है। मुझे तो उसी महान-विप्लव की चिन्ता है।"

मैंने पूछा, "तो क्या तुम समझते हो कि विदुला से विवाह कर तुम समाज में परिवर्तन ला सकोगे?"

मुझे बीच में ही टोककर वह बोल उठा, "नहीं—नहीं, तुम समझे नहीं। मैं जानता हूँ, विदुला से विवाह कर में समाज में विप्लव नहीं उपस्थित कर सकूँगा; पर यह भी तो एक विद्रोह है। संसार उसे नीच समझता है; मैं उसे अपने बराबर लाऊँगा। उसके हृदय में भी इस समाज के प्रति विद्रोहाग्नि धधक रही है और मेरे हृदय में भी। हम दोनों मिलकर नई परम्परा का शुभारंभ करेंगे।"

इसके बाद वह बोला, "एक दिन मैं तुम्हें भी वहाँ ले चलूँगा। मैं कायर नहीं हूँ। मैं समाज से डरता नहीं। मैं जिस काम को अच्छा समझता हूँ उसे निश्चय ही करूँगा।"

इसी तरह की अनेक बातें वह कहता रहा। उन बातों के कितने अंश मैं समझ सका और कितने नहीं, यह मुझे याद नहीं। पर उस रात मुझे नींद नहीं आई। बार-बार मैं उसकी बातों को दोहराता और मेरे मुँह से निकल पड़ता, "तुम वीर हो! तुम अपने मार्ग में सफल हो।"

उसके बाद दो महीने बीत गए। उसकी भी परीक्षा समाप्त हो गई थी और मेरी भी। मैं घर जाने की सोच रहा था, पर उसने मुझे जाने नहीं दिया। क्यों? यह मैं उस समय नहीं समझ सका; पर जब एक दिन उसने मुझे सूचना दी कि उसका विवाह अगले ही दिन होगा, उस समय मुझे कुछ प्रसन्नता हुई; पर भय भी कम नहीं हुआ।

आर्य-समाज मन्दिर में, संस्कृत शब्दों के तुमुल-घोष के बीच उसका विवाह हो गया। मैंने विदुला को कई बार देखा था। उससे बात भी की थी, पर उस दिन वह नीली साड़ी पहने थी। उसके मुख पर एक आभा थी और उसे देखकर मुझे एकबारगी ऐसा प्रतीत हुआ, मानो संसार में उससे सुन्दर रमणी और कोई नहीं है। उसकी बड़ी-बड़ी आँखें और हँसमुख चेहरा देखकर मैं प्रसन्नता से फूला नहीं समाया।

विवाह के बाद दोनों बाहर निकले। लोगों ने उनका स्वागत किया; आशीर्वाद दिया। पर आज मैं समझ रहा हूँ, वह सब केवल दिखावटी था। मैं उन दोनों के साथ था। जब हम तीनों ताँगे पर बैठकर नरेश के नए मकान की तरफ जाने लगे,

उस समय मैंने जेब से एक घड़ी निकालकर विदुला के हाथ में पहना दी और बोल उठा, "भाभी जी नमस्ते!"

वह एक बार मेरी तरफ़ देखकर हँस पड़ी।

नरेश बोला, "और मेरे लिए?"

मैं शैतानी से बोल उठा, "तुम इस योग्य नहीं हो।"

इस पर हम तीनों हँस पड़े थे।

इसके बाद मैं दो दिन और रहा। मैंने देखा, नरेश और विदुला खूब प्रसन्न हैं। विदुला घर का सारा काम अपने हाथ ही से करती। मुझे आश्चर्य होता कि घर-गृहस्थी के काम में वह कहाँ से इतनी निपुण होकर आई है। विदुला की माँ पाँच हज़ार रुपए विदुला को देकर विवाह के दो-एक दिन बाद ही बनारस चली गई।

उसके बाद मैं घर चला गया; पर मैं कभी भी विदुला भाभी और नरेश को भूल नहीं सका।

जुलाई में मैं लखनऊ गया, पर नरेश वहाँ नहीं था। कितना ही खोजा, पता लगाया; पर कहीं भी उसका पता नहीं चला! मैंने बी.ए. पास किया और प्रयाग में आकर रहने लगा। तब से मुझे नरेश की कुछ भी ख़बर नहीं मिली। मैंने कितनी ही कोशिश की, पर कहीं भी उसका पता नहीं चला।

(4)

उपरोक्त घटनाएँ क्षणभर ही में मेरी आँखों में नाच उठीं और आज विदुला को इस अवस्था में देखकर और उन दिनों की याद कर, मेरी आँखों में आँसू आ गए। मैंने जल्दी से उन्हें पोंछ लिया और बोला, "चलिए, मैं यहीं रहता हूँ।"

इतना कहकर विदुला का हाथ पकड़, मैं आगे बढ़ गया। चौराहे से ताँगा लेकर हम दोनों उस पर बैठ गए। लोग एकटक हमारी ओर देख रहे थे, पर मुझे इसकी कुछ भी परवाह नहीं थी। हम चले जा रहे थे। मेरे हृदय की गति तीव्र हो उठी थी और मस्तिष्क शून्य फिर भी साहस कर मैंने पूछा, "आपको इस अवस्था में देखकर मुझे बड़ा आश्चर्य हुआ।"

विदुला भाभी हँसीं मेरी तरफ़ देखकर बोलीं, "संसार परिवर्तनशील है।"

इतने में उन्हें खाँसी आ गई—बहुत-सा खून उनके मुँह से गिर पड़ा। मैंने जल्दी से रूमाल निकालकर उसे पोंछ दिया। फिर बोला, "आप चुपचाप रहिए।" विदुला ने अपना सिर मेरे कन्धे पर रख दिया और बड़े ज़ोर-ज़ोर से साँस लेने लगी।

ताँगा चल रहा था। हम दोनों शायद एक ही विचार में मग्न बैठे हुए बहुत-कुछ सोच रहे थे।

जब दरवाज़े पर ताँगा रुका, तब मुझे होश हुआ। मैंने ताँगे वाले को पैसे दिए, दरवाज़ा खोला और ले जाकर विदुला को एक आराम-कुर्सी पर बैठा दिया। घर भेजने के लिए मैंने एक साड़ी खरीदी थी, उसे ही निकालकर मैंने रख दिया और बोला, ''आप वहाँ जाकर कपड़े पहन लीजिए। वहाँ स्नानागार है।''

विदुला कुछ बोलीं नहीं। चुपचाप जाकर स्नान किया और कपड़े पहनकर मेरे सामने आकर बैठ गईं। मैंने स्टोव जलाकर पानी रख दिया था। चाय बनाकर मैंने उनके सामने रखते हुए कहा, ''पीजिए।''

एक बार मेरी तरफ़ देखकर वे हँस पड़ीं और बोलीं, ''आज चार सालों के बाद चाय पी रही हूँ।''

मेरी आँखों में आँसू आ गए, पर उन्हें छिपाने के लिए सिर नीचा कर मैं चाय पीने लगा। चाय पीकर मैंने विदुला को चारपाई पर लिटा दिया, फिर बोला, ''आप की यह दशा कैसे हो गई? मुझे बताइए।'' फिर क्षण भर बाद में साहस कर पूछ बैठा, ''नरेश कहाँ है?''

इस प्रश्न को सुनकर विदुला की आँखों में आँसू आ गए, पर वे कुछ बोलीं नहीं। क्षण भर चुप रहीं फिर बोलीं, ''नरेश अब संसार में नहीं हैं।''

मेरा शरीर एकबारगी शून्य-सा हो गया। मैं एकबारगी चिल्ला उठा, ''नरेश मर गया। मैंने समझा था, उसने आपको...''

इसके पहले ही विदुला बोल उठीं, ''ऐसे आदमी वे नहीं थे, सुशील बाबू।''

मैं कुछ नहीं बोला। मेरी आँखों से उस अज्ञात नरेश अपने साथी बड़े भाई–नरेश–की मृत्यु पर आँसू गिरने लगे थे। उसकी वे खरी बातें मुझे याद आने लगीं और हृदय में मेरे न जाने कितने बिच्छुओं के डंक मारने के समान पीड़ा होने लगी।

विदुला थोड़ी देर तक चुप रहीं। मैं चुपचाप बैठा था। मेरे मुँह से एक भी शब्द निकलना नहीं चाहते थे। फिर भी अपने उद्वेग को रोककर मैंने पूछा, ''मेरे आने के बाद क्या-क्या हुआ, सब बताइए न?''

भाभी क्षणभर चुप रहीं फिर बोलीं, ''आप सुन सकेंगे?''

''मैंने कहा, ''सुन सकूँगा! खूब सुन सकूँगा।'' ''अच्छा सुनिए'' भाभी ने कहा।

(5)

विदुला क्षण भर मेरी तरफ देखकर बोल उठीं, ''आपके चले आने के बाद हम एक महीने वहीं रहे। हमारे दिन सुख से बीत रहे थे। हमें ऐसा अनुभव हो रहा था, मानो संसार में दुःख नहीं है और जो संसार को दुःखी कहते हैं, वे शायद मूर्ख हैं। पर उसके बाद हमें भी भविष्य की चिन्ता होने लगी। वे अब अक्सर नौकरी

की तलाश में इधर-उधर जाते और मैं अकेली घर में बैठी रहती। उसी समय मुझे अपने एकाकीपन का अनुभव होता। अगल-बग़ल के घर में कई लोग रहते थे, पर कोई भी हमारे घर नहीं आता। जानते हैं क्यों? क्योंकि मैं वेश्या की पुत्री थी। यह मुझे पहले नहीं बाद में मालूम हुआ। अगल-बग़ल के सब लोग हमसे घृणा करते और जब कभी हम दोनों इधर-उधर निकलते, उस समय घर के अगल-बग़ल के लोग खड़े होकर हमारी तरफ़ इशारा करते और न जाने क्या-क्या कहते। बड़े घर की बहुएँ हमें देखतीं और अपना मुँह दूसरी तरफ़ कर लेतीं। पहले तो यह सब देखकर हम कुछ भी परवाह नहीं करते, पर बाद में जब यह बहुत बढ़ गया, तब हमें यह सब सहना बहुत कठिन हो गया। जब कभी मैं घबड़ा जाती, तब वे हँस पड़ते और कहने लगते, "रानी इन बातों से घबड़ाना नहीं चाहिए। मानव-जीवन संघर्ष से परिपूर्ण है। और इनकी बातों की परवाह करती हो! इन पर नाराज होती हो? ये तो मूर्ख हैं। मुझे तो इन पर दया आती है।" इतना कहकर वे बड़े जोर से अट्टहास कर उठते। ओह, उनकी वह हँसी कितनी मधुर होती सुशील बाबू! मेरा सारा क्रोध उस अट्टहास में बह जाता और मैं भी अपनी मूर्खता पर स्वयं अट्टहास कर उठती।

"कितनी ही बार इच्छा हुई, बड़े लोगों के घर के पास खूब साहबी ठाट से हम लोग रहें, पर यह असम्भव था। हमारे पास इतना रुपया नहीं था। चार-पाँच हज़ार रुपए से संसार का हर एक काम नहीं चल सकता। हमारे पास जो रुपए थे, उससे हम लोगों की इच्छा थी कि कोई रोज़गार करें। नौकरी की यह दशा देखकर, यह इच्छा और भी प्रबल हो उठी थी। भविष्य की चिन्ता बराबर हमारी आँखों में नाचा करती। अगर हमारे पास खूब रुपया होता, तो शायद मेरी यह दशा नहीं होती, हमारी सब इज़्ज़त करते और कितने ही हमारी पूजा करते। उस समय मेरी माँ के वेश्या होने की बात शायद मुँह पर कोई भी नहीं लाता। पर उसे वेश्या बनाया किसने? इन्हीं रईसों ने। इन्हीं कामी कुत्तों ने।

"मुझे तो आज इस समाज ही से घृणा हो गई है। रुपया ही आज सब कुछ हो रहा है। रुपया! रुपया! धन धन! बस यही एक ध्वनि आज संसार से आ रही है। और धनी हैं कितने? केवल मुट्ठी भर। और इन्हीं के पास ग़रीबों के खून से सना हुआ पैसा जमा है। उसी से ये हम नारियों का जीवन नष्ट करने में नहीं चूकते।"

इतने में ही विदुला को ज़ोर की खाँसी आई और फिर खून उनके मुँह से निकल पड़ा। मैंने उनका मुँह पोंछ दिया, पर कुछ बोला नहीं। मेरा भी हृदय भारी हो रहा था और मेरी आँखों से झर-झर कर आँसू गिर रहे थे। मारे दुःख और वेदना के मेरा हृदय फट रहा था। विदुला आराम-कुरसी पर चुपचाप बैठी रहीं। फिर क्षण भर बाद बोलीं, "विवाह के बाद दो महीने हम लखनऊ रहे। मेरी तबीयत वहाँ

से अब घबड़ा उठी थी। जिस शहर में मैंने अपने जीवन का बहुत बड़ा भाग बिता दिया था, उसी शहर से मुझे घृणा हो गई। अकेले रहते-रहते मेरी तबीयत घबड़ा उठी। उनकी भी तबीयत परेशान थी। कहीं नौकरी नहीं चारों तरफ़ बेकारी। अन्त में हमने निश्चय किया, कानपुर चलकर कोई रोज़गार किया जाए और यही सोचकर हम लोग एक दिन कानपुर के लिए रवाना हो गए।

"कानपुर पहुँचकर हमने एक कपड़े की दुकान खोली। साढ़े तीन हजार रुपए हमने उसमें लगा दिए। हमें आशा थी कि दुकान मजे में चल जाएगी और अगर दुकान चल गई, तो फिर हमें किसी बात की चिन्ता नहीं है। पर न मालूम कैसे यहाँ भी सब लोगों को पता चल गया कि मैं वेश्या की पुत्री हूँ। फिर क्या था, लखनऊ की ही दशा आ उपस्थित हुई। कपड़े का बिकना बन्द हो गया। सब लोग कहते, ऐसे आदमी के यहाँ से कपड़ा नहीं खरीदना चाहिए और अन्त में हमें वह रोज़गार भी छोड़ देना पड़ा। पर उसके साथ-साथ पाँच हजार रुपए में से हमें चार हज़ार इस रोज़गार में फूँक देना पड़ा। बाकी रुपए भी ख़र्च हो गए थे—केवल तीन-चार सौ मेरे पास बच रहे थे। यह देखकर वे सदा चिन्तित रहने लगे। मैं उनसे कहती, घबराइए नहीं, सब ठीक हो जाएगा; पर उनका दुःख बढ़ता गया। यहाँ भी उन्होंने नौकरी की तलाश की, पर कहीं बीस-पच्चीस तक की नौकरी का मिलना भी कठिन था और एक दिन इसी दुःख-चिन्ता में वे बीमार पड़ गए।"

विदुला ने एक साँस लेकर फिर कहा, "मुझे रह-रहकर अपने ऊपर क्रोध आता, घृणा भी होती। मुझे ऐसा प्रतीत होता, मानों मैंने ही इनका जीवन नष्ट कर दिया है और कभी-कभी माँ के ऊपर क्रोध घृणा से मन ऊब उठता। माँ क्यों वेश्या हुई? क्यों मुझे उसने पैदा किया? पर जब ठण्डे दिल से विचार करती, तब मेरी आँखों से केवल आँसुओं की धारा बहने लगती। जब कभी मैं उनसे ये सब बातें कहती, तब वे हँस पड़ते। उस बीमारी की भी अवस्था में जब उनके शरीर में कुछ भी शक्ति नहीं थी, वे कहने लगते—"सब ठीक हो जाएगा, घबड़ाना नहीं। मनुष्य को तो दुःख में ही हँसना चाहिए।" बहुत-सी बातें वे समझाने लगते।

"दो महीने तक वे बीमार रहे। मैंने भरसक अपनी शक्ति लगाकर उनकी सेवा की। रात-रात भर जागती रहती। मेरी आँखों से नींद ग़ायब हो जाती। मैं रह-रहकर प्रथम दो महीनों की याद करती और सुशील बाबू, वे ही क्षण मेरे जीवन के सुखमय क्षण थे। ओह! कितने मधुर थे वे दिन। अब उनकी बीमारी की अवस्था में मैं रात-रात भर देवी-देवताओं से प्रार्थना करती। और कोई भी सहारा मेरे पास नहीं था। अन्त में मेरे भाग्य से वे अच्छे हो गए। मेरे पास रुपए नहीं थे, पर मैं फूली नहीं समाई। वे भी हँस पड़ते और कहते, "विदुला, तुमने मुझे बचा लिया।" मैं मारे लज्जा के सिर नीचा कर लेती। पर सुशील बाबू मेरे भाग्य में सुख नहीं लिखा था।

"एक महीना बीत गया किसी तरह मैंने काम चलाया। जब वे चलने-फिरने लगे, तब फिर उन्होंने नौकरी की तलाश करनी शुरू की; पर कहीं नौकरी नहीं मिली। जिस किसी के पास जाते, वही कहता, 'तुम्हारा नाम नरेश चन्द्र है। तुम्हीं ने वेश्या की पुत्री से शादी की है। ऐसे आदमियों के लिए मेरे पास नौकरी नहीं है।' वे सुनते और आकर हँसकर ये बातें कहते। पर मैं समझती थी, उनके हृदय की वेदना को।

"इसी बीच एक दिन जब वे बाहर गए थे, मैंने सुना, शहर में हिन्दू-मुस्लिम दंगा हो गया है। मेरा हृदय धड़कने लगा। न मालूम क्यों मुझे रह-रहकर भय होने लगा। वे बाहर हैं। मैं बार-बार दरवाज़ा खोलती, इधर-उधर देखती, पर निराश होकर लौट आती। आधी रात के क़रीब मेरे दरवाज़े पर खटखटाहट हुई। मैंने दरवाज़ा खोलकर देखा, वे खून से लथपथ हैं। उनका सिर फूट गया था और उसमें से खून चारों तरफ़ टपक रहा था। मैं सहसा उन्हें पहचान नहीं सकी और उसी अवस्था में सिर घूमने लगा। पर किसी तरह मैंने उनको घर के भीतर खींचा और फिर दरवाज़ा बन्द कर लिया।

"उस रात में उन्हें होश नहीं आया। मैं अकेली अबला क्या कर सकती थी। जितना मुझसे हो सकता था, किया। अगल-बग़ल के लोगों को बुलाने की कोशिश की, पर कोई भी नहीं आया। सब घरों में बन्द थे। दो दिन बाद उन्होंने आँखें खोलीं और बोले, "विदुला, मैं जी नहीं सकूँगा। तुम्हें इस अवस्था में छोड़ जाने में मुझे दुःख है, किन्तु अपना अधिकार नहीं। तुम सुशील के पास जाना; वह हमारा भाई है।" इतना कहकर उनकी आँखें बन्द हो गईं। मैं चिल्ला उठी और बेहोश होकर गिर पड़ी।

"जिस समय मुझे होश आया, उस समय भी मैं वैसी ही पड़ी थी। पास में उनकी लाश थी, रात सुनसान थी! घर में कोई भी नहीं था। मैं देखकर डर गई। उस समय, बारह बजा था। दंगा बन्द हो गया था। लोग इधर-उधर आ-जा रहे थे। मैंने पुकारा रोई, चिल्लाई; पर कोई भी मेरी सहायता नहीं कर सका। मुहल्ले वाले कहते, "वेश्या की पुत्री से विवाह करने से इसकी यह दशा हुई और जो इसका अन्तिम संस्कार में सहयोग करेगा, उसकी न जाने क्या दशा होगी।" मैं इन बातों को सुनकर रो पड़ती। अन्त में कुछ मज़दूरों से उनकी लाश उठवाकर मैं श्मशान ले गई। मैंने सब गहने बेच दिए और उनका अन्तिम संस्कार अच्छी तरह करा दिया।"

इतना कहकर विदुला चुप हो गई। मैं भी चुप था। पर मेरी आँखों में आँसू थे, हृदय में वेदना, और मैं सोच रहा था कि जिस नरेश के जीवन से संसार बड़ी-बड़ी आशाएँ कर सकता था, वह इस तरह चल बसा। एक बार इस समाज के प्रति घृणा से मेरा मन भर उठा।

क्षण भर चुप रहकर विदुला भाभी बोलीं, "इसके बाद मेरे पास खाने को नहीं था। मैं भूखी रहने लगी और मारे दुःख के मैं पागल हो गई। उसके बाद क्या हुआ मैं नहीं जानती; पर जिस समय मुझे होश आया, उस समय मैं पागलखाने में थी। वहाँ से जब मैं ठीक हो गई, तो बाहर कर दी गई। तब से घूम-घूमकर भीख माँगती हूँ और आज अकस्मात् आप से मुलाकात हो गई।"

(6)

इन सब बातों को सुनकर मेरे मुँह से निकल पड़ा, "आपने मुझे क्यों नहीं बुलाया? ओह..." पर विदुला कुछ नहीं बोलीं। वह चुपचाप वैसी ही पड़ी रहीं। दोनों एक-दूसरे को देखते रहे। मुझे रह-रहकर नरेश की याद आती। नरेश? मेरा जीवन सहचर! जिसे लखनऊ में पाकर मैं प्रसन्नता से नाच उठा था! जिसने मेरे प्राणों की रक्षा की थी। जो मेरे जीवन में आँधी की भाँति आ खड़ा हुआ था और फिर उसी भाँति अन्तर्धान हो गया।

मैं एक घण्टे तक शून्य-सा बैठा रहा। बार-बार मेरी आँखों के सामने नरेश का चित्र आ उपस्थित होता। हँसता-मुस्कराता। मैं भाभी से बहुत-सी बातें पूछना चाहता था; पर मेरा हृदय दुःख से इतना भर गया था कि मुँह से एक भी शब्द नहीं निकल सका। थोड़ी देर बाद मैंने विदुला का हाथ पकड़कर कहा, "आप अब कहीं मत जाइएगा। मैं भी अकेला ही हूँ। हम दोनों साथ रहेंगे। मैं आपकी कुछ सेवा करूँगा।" इसके आगे मैं कुछ भी नहीं कह सका।

क्षण भर चुप रहकर मैंने पूछा, "आपके मुँह से यह खून कब से आ रहा है?"

विदुला मृदु-कण्ठ से बोलीं, "पागलख़ाने से निकलने के बाद ही मुझे यह बीमारी शुरू हो गई। साल भर हुआ होगा।"

मैं कुछ नहीं बोला। एक-एक कर नरेश और विदुला के जीवन की घटनाएँ मेरे मस्तिष्क को उद्वेलित करती रहीं।

(7)

इसके बाद तीन-चार महोने विदुला मेरे पास रहीं। मेरे पास जितने रुपये थे, सब मैंने उनकी बीमारी में खर्च कर दिए; पर अन्त में एक दिन सब कुछ छोड़कर वह इस संसार से चली गईं। जिस दिन उनकी मृत्यु हुई, उस दिन मैं पागल-सा हो उठा था। इतने दिनों के बीच में मैं उन्हें बहिन से भी अधिक प्यार करने लगा था। उनकी बातों को सुनकर मेरी आँखों में आँसू आ जाते। बार-बार वह नरेश की ही बात करतीं। उनकी बातों से मुझे मालूम होता, मानो वह नरेश के प्रेम ही में डूबी हैं। बीमारी में वह बड़बड़ाने लगतीं—'वे देखो, वे बुला रहे हैं। मुझे जाना

ही होगा। कितनी देर से वे मेरा इन्तजार कर रहे हैं।' इन बातों को सुनकर मेरा हृदय बड़े वेग से धड़कने लगता। मैं सोचता, क्या यह सीता-सावित्री से कम हैं? समाज ने इनसे घृणा किया है केवल इसलिए कि उनकी माँ को समाज से स्वीकृत विवाह के पश्चात विवश होकर अपनी बेटी के साथ कोठे पर बैठना पड़ा और वह एक वेश्या की बेटी कहलाई; पर इसमें उनका क्या अपराध था?

मृत्यु के समय उसने कहा था, "सुशील बाबू। मेरी तरह लाखों बहिनें विवशता में वेश्या बनी, आज हिन्दू समाज के पैरों के नीचे कुचली जा रही हैं। मैं तो अब जी नहीं सकूँगी, पर आप प्रयत्न कीजिएगा कि आप इस समाज से इन बहिनों का उद्धार कर सकें। वे नहीं कर सके; मैं भी कुछ नहीं कर सकी; इससे डरिएगा नहीं—सम्भवतः आप सफल हो सकें। भूलिएगा नहीं। इससे बढ़कर न मेरे लिए कोई और बात हो सकती है और न उनके ही लिए। इतना अगर आप कर सकेंगे, तो विश्वास कीजिए, मैं स्वर्ग या नरक जहाँ कहीं भी रहूँगी, आपकी ऋणी रहूँगी।"

उस अर्द्ध-रात्रि में उनके दोनों हाथ पकड़कर मैं बोल उठा—"भाभी! विश्वास मानो, मैं जीवन-भर तुम्हारी आज्ञा का पालन करूँगा।" मेरी तरफ देखते हुए एक हिचकी आई और सब कुछ समाप्त हो गया। उस मध्यरात्रि भयानक रात को विदुला की मृत हड्डियों का श्वासहीन शरीर मैं देखता रहा, देखता रहा। मूक स्तब्ध शून्य सा।

नन्दी का मोह

"काका!" कहता हुआ आठ वर्ष का बुद्धू अपने पिता के सामने खड़ा हो गया!

खेलावन अपने झोंपड़ी के आगे बैठा हुआ था।

"काका!" बालक ने दुहराया।

"क्या है रे?" खेलावन बोला!

"काका! तुम लाए नहीं न?"

"क्या?"

"भूल गए काका?"

"बोलेगा भी क्या?"

"काका, तुम तो हर बार भूल ही जाते हो; तुम्हीं ने तो कहा था काका, कि तुम्हारे लिए एक अच्छी-सी छोटी-सी गाय ला दूँगा।" कहकर बालक ने गाल फुला दिया।

"ला देंगे बेटा, ज़रा हाथ में पैसे तो आने दे।" खेलावन ने ढाढस दिया।

"तुम तो आज चार साल से ऐसा ही कर रहे हो, काका! पता नहीं कब तुम्हारे हाथ में पैसा आएगा।" बालक ने दुःख से कहा।

"चार रुपया तो चार साल में बचा लिया है बेटा! दो-तीन रुपए और हो जाएँ, बस तुम्हारे लिए एक अच्छी बछिया ला दूँगा।"

"ला दोगे न काका?"

"ज़रूर ला दूँगा बेटा।"

"काका, तुम बड़े अच्छे हो।" कहकर बुद्धू चला गया!

खेलावन चुपचाप बैठा रहा।

आज क़रीब तीस साल पहले ठीक इसी तरह खेलावन—बालक खेलावन—ने भी अपने पिता से कहा था। "काका मेरे लिए एक गाय ला दो।" खेलावन के पिता हर साल प्रतिज्ञा करते। पर एक दिन भी वे यह इच्छा पूरी न कर सके। और अपनी आशा लिए ही मिट्टी में मिल गए। खेलावन पहले तो कुछ भी नहीं समझता था पर जब ब्याह हुआ, बहू आई, उमर बढ़ी, जवानी चढ़ी और अपने ऊपर बोझ आया तब उसने सब समझा। पहले तो वह समझता था कि उसके पिता लाना ही नहीं चाहते गाय। पर अब उसने समझा कि इस देश में ग़रीब मज़दूर

के लिए जिसके पास एक हाथ खेत तक न हो गाय ख़रीदना और उसका पालना असम्भव है। तब से उसने कभी अपने पिता से गाय के लिए नहीं कहा। पर उसके पिता सर्वदा, अपने जीवन भर एक गाय दरवाज़े पर बाँधने का प्रयत्न करते रहे। फिर भी उनकी इच्छा पूरी न हो सकी। न हो सकी।

उनकी मृत्यु के बाद जब खेलावन ने गृहस्थी सँभाली और नई सन्तानों का पिता हो गया तब उसकी फिर इच्छा हुई, दरवाज़े पर एक गाय बँधी रहती तो कितना अच्छा होता।

आज जबसे उसके पुत्र ने बछिया के लिए कहा, तब से वह पैसे जमा करने में लग गया। बड़ी कठिनता से हर महीने दो-चार पैसे बचा पाता और इस तरह उसने चार रुपए जुटा लिए थे। उसने कमर कस ली थी चाहे जैसे हो एक बछिया बाँधनी ही होगी। नहीं होगा तो कहीं से उधार रुपए लाऊँगा, पर अपनी अभिलाषा, अपने पिता की अभिलाषा, अपने पुत्र की अभिलाषा पूरी किए बग़ैर न रहूँगा।

इस तरह एक वर्ष व्यतीत हो गया; किन्तु खेलावन की चाह पूरी न हो सकी।

इसी समय एक दिन कुछ पठान रुपया वसूल करने आ पहुँचे। खेलावन के घर के पास ही एक किसान ने रुपए ले रखे थे। तीन साल हो गए थे पर वह देने में असमर्थ था। हर साल पठान सूद वसूल कर ले जाते पर इस साल उन सब़ने कमर कस ली थी कि रुपए वसूल करके ही जाएँगे!

"रुपए देता है कि नहीं!" दरवाज़े पर बैठता हुआ लाठी ठोंककर उनमें से एक बोला।

"दे दूँगा भइया, कोई सिरसों छोड़कर भाग तो नहीं जा रहा हूँ।" खेलावन का पड़ोसी खेलू बोला।

"हम यह सब नहीं जानते, तुम देगा कि नहीं?"

"देंगे क्यों नहीं?"

"देगा तो; पर हम अभी लेंगे।"

"पर अभी तो हम नहीं दे सकेंगे। कुछ रोज़ की मुहलत दो भइया, हम लोग ग़रीब आदमी हैं, बन्दोबस्त होने पर दे देंगे।"

"नहीं देगा तो हम तेरी यह बछिया ले जाएगा।"

"जैसी तुम्हारी मर्ज़ी।" खेलू ने एक साँस ली।

गाँव में इन पठानों से सभी डरते थे, इसी कारण वे जो कुछ कहते, जितना अत्याचार करते सहना पड़ता। सब जानते थे उनकी सख़्ती और अत्याचार को। फिर भी कभी-कभी भूखों मरने से तो उधार लेना अच्छा है यह सोचकर लेना ही पड़ता।

पठानों को देखकर गाँव के और लोग भी आ गए। लोगों ने कहा, "अरे भाई, किसी को लेना हो तो गाँव ही में खरीद ले बछिया। नहीं तो ये 10 रुपए की बछिया तीन ही रुपए के लिए खोल ले जाएँगे

अन्त में पंचायत हुई। पांच रुपए दाम तय हुए और खेलावन ने चार रुपए देकर, एक रुपया फिर कभी देने का वादा किया।

खेलू ने आँखों में आँसू लेकर बछिया का पगहा खेलावन के हाथ में दे दिया। खेलावन का हृदय बाँसों उछल रहा था। बछिया दस से कम की नहीं थी। फिर उससे बढ़कर बात तो आशा की पूर्त्ति थी। आज उसकी बहुत दिनों की आशा पूरी हो गई।

बछिया को लेकर खेलावन दरवाज़े पर पहुँचते ही बोला, "अरे ओ बुद्धू की माँ, यह लो बछिया आई है, पूजा कर लो।"

बुद्धू की माँ पहले ही से नहा-धोकर तैयार हो गई थी। गोबर, सिन्दूर इत्यादि लेकर उसने पूजा की, फिर एक खूँटा गाड़कर बछिया बाँध दी गई।

बुद्धू तो देखते ही प्रसन्नता से पागल हो उठा। उसे ऐसा प्रतीत होता मानो उसके पर लग गए हैं और वह उड़ता चला जा रहा है।

खेलावन की स्त्री ने एक पैसे का तेल खरीदा और उस रोज़ तेल लगाकर रोटी बनी। कैसे न बनती, इतनी बड़ी बात हुई। भगवान ने वह चीज़ दिखाई जिसके लिए घर के पुरखे तरसते ही रह गए थे! और उसी रात बड़ी देर के बाद उसका नाम रख दिया गया—नन्दी।

बुद्धू को तो मानो और कोई काम ही नहीं था। बस नन्दी को खिलाना, उसी के पीछे घूमना यही उसका काम हो गया। प्रातः उठते ही कहता, "नन्दी!" छोटी-सी बछिया अपना मुँह उठाकर उसकी तरफ़ देखने लगती। उसके पास आकर बुद्धू कहता, "क्यों नन्दी, रात अच्छी तरह सोई थी न?"

बछिया उसकी तरफ़ देखने लगती।

बुद्धू जल्दी से घास वग़ैरह रख देता। जब नन्दी खा लेती तब वह कहीं कुछ खाता-पीता। फिर नन्दी को लेकर चराता। पहले तो वह स्कूल भी जाता था पर अब नन्दी के कारण उसने सब कुछ छोड़ दिया था। ऐसा प्रतीत होता मानो बुद्धू नन्दी के बग़ैर जीवित ही नहीं रह सकेगा। और नन्दी भी जब उसे देखती आकर उसके पास खड़ी हो जाती। बुद्धू उसके सिर पर हाथ फेरने लगता।

बुद्धू पूछता, "अच्छा दादा, नन्दी कब बच्चा देगी?"

"जल्दी ही बेटा, एक दो साल में।"

"फिर तो दादा, खूब दूध खाएँगे?"

"हाँ, क्यों नहीं बेटा!"

"अच्छा काका, नन्दी का बच्चा भी ऐसा ही सुन्दर होगा, नन्दी की तरह?"

"हाँ बेटा, उससे भी सुन्दर।"

"तब तो बड़ा अच्छा रहेगा।" कहकर वह नन्दी को पुचकारने लगा। उसकी आँखों में नन्दी का बच्चा नाच उठता।

बुद्धू की माँ और खेलावन उसे बेटी की तरह मानते। बुद्धू की माँ तो कभी-कभी कहती, "भगवान ने मुझे बेटी नहीं दी थी। अब मुझे एक बेटी मिल गई—ऐसी बेटी जो घर छोड़कर कभी नहीं जाएगी।"

इस तरह स्नेह प्यार में दो वर्ष व्यतीत हो गए।

बरसात के दिन बीत चुके थे। गुलाबी जाड़ा पड़ रहा था। खेतों में घास की कमी नहीं थी। नन्दी खूब मौज से घूम-घूमकर घास चरा करती। सिरसों गाँव गोरखपुर के निकट, क़रीब एक कोस पर है। बुद्धू कभी-कभी नन्दी को चराते-चराते गोरखपुर सड़क के पास शहर तक पहुँच जाता। उसके साथ और भी चरवाहे होते; वहाँ वह सड़क के पास आती हुई मोटरों को देखता। साहबों को देखता, और गोरी मेमों के गोदी में चिपके उनके बालदार कुत्तों को।

एक दिन इसी तरह सन्ध्या को चराते-चराते वह सड़क के पास बैठा हुआ था। नन्दी और भी गायों के साथ सड़क के नीचे चर रही थी। इसी समय एक साहब और मेम एक कुत्ते को लिए गिटपिट करते चले आ रहे थे।

कुत्ते ने गायों को देखा, फिर भों-भों करता हुआ उनकी तरफ़ दौड़ा। नन्दी सबसे निकट थी। वह उस पर टूट पड़ा। नन्दी भागी, भागते-भागते सड़क पर आ खड़ी हुई। बुद्धू ने यह सब देखा और मारे गुस्से के उसने कुत्ते पर अपनी लाठी चला ही तो दी।

लाठी कुत्ते के पाँव में लगी, वह भों-भों करता हुआ और भी नन्दी की तरफ़ दौड़ा। नन्दी ने उसे देखा और वह सड़क के ऊपर दौड़ने लगी।

इतने में साहब भी पास ही आ पहुँचे। उन्होंने अपना हण्टर उठाया और दो-तीन हण्टर बुद्धू की पीठ पर जमा दिए। बुद्धू एकटक साहब बहादुर की तरफ़ देखने लगा। साहब कहता जा रहा था—तुम हमरा कुट्टा को मारटा है। हम टुमे जेल भेज देगा।

इतना कहकर साहब आगे बढ़ गया।

बुद्धू एकटक उसकी तरफ़ देख रहा था। उसकी हिम्मत नहीं हुई कि वह कुछ बोले।

इसी समय बुद्धू ने देखा—दूर से एक फट-फट गाड़ी चली आ रही है, उस

पर एक साहब बैठा है। नन्दी भी भाग रही थी कुत्ते के भय से। उसी समय मोटर नन्दी से लड़ने-लड़ने को हुई। बुद्धू ने देखा, चिल्लाया और बेतहाशा उसी की तरफ़ दौड़ा। वह अपनी सारी मार भूल गया। नन्दी सड़क के किनारे खड़ी थी फिर भी साहब की मोटर उससे टक्कर खा गई और नन्दी धम से सड़क के नीचे गिर पड़ी।

साहब गिटपिट करता उतरा और पास के पुलिसमैन से बोला, "टुम क्या कर रहा है? डेखटा नहीं यह? इसका नाम नोट कर लो। इसको हम सज़ा देगा।"

पुलिसमैन सब कुछ देख रहा था। वह जानता था कि साहब नशे में है। उसके मुँह से साफ़ शरब की बू आ रही थी। फिर भी सिपाही काँपता हुआ बोला, "जी सरकार!"

साहब भों-भों करता हुआ आगे बढ़ गया।

बुद्धू दौड़ा-दौड़ा नन्दी के पास जा खड़ा हुआ। उसका सिर गोदी में रखकर रोने लगा, "नन्दी! अह मेरी नन्दी को साहब ने मार डाला।"

बुद्धू चिपककर फूट-फूटकर रोने लगा। ऐसा प्रतीत होता मानो उसका कोई सगा मर गया है। उसकी आँखों से आँसुओं की धारा प्रबल वेग से बह रही थी।

इसी समय सिपाही ने आकर बुद्धू को दो-तीन तमाचे लगाए और बोला, "बेवकूफ़ तुम लोग सड़क पर गाय चराते हो! भागो यहाँ से!" और बुद्धू का नाम नोट कर सिपाही चलता बना।

बड़ी कठिनता से उसके साथियों ने उसे वहाँ से हटाया और नन्दी की लाश को टाँगकर घर लाए!

बुद्धू ने उसी दिन चारपाई पकड़ ली। तीन दिन हो गए! कभी-कभी उसे होश आता और बोलता, "नन्दी!"

खेलावन अपनी आँखों का आँसू रोककर कहते, "क्या है बेटा?"

बुद्धू की चेतना लौट आती तो पूछता, "दादा, नन्दी को चमारों को तो नहीं दिया न? वे उसके शरीर से चमड़ा निकाल डालेंगे।"

"नहीं बेटा! नहीं बेटा! अपनी बेटी को भी चमारों को दूँगा! उसे मैंने गाड़ दिया है! जल्दी अच्छे हो जाओ, बेटा! उसका श्राद्ध भी करूँगा! बेटी थी न! दो-चार ब्राह्मण भी खिलाना पड़ेगा।" खेलावन आँसू रोककर कहता।

अचानक बुद्धू बोल उठता, "गाड़ दिया! राम-राम कैसे रहेगी नन्दी वहाँ? चलो न दादा, देख लें ज़रा नन्दी को।"

खेलावन आँसू रोककर कहता, "दूसरी नन्दी ला देंगे बेटा।"

बुद्धू चिल्ला उटता, "दूसरी? और मेरी नन्दी, नन्दी कहाँ है? ओह? हाय नन्दी!" और वह बेहोश हो जाता!

एक महीने तक बुद्धू बिस्तर से न उठा। खेलावन और उसकी स्त्री ने जी-जान से कोशिश की पर वे बुद्धू को न बचा सके—एक दिन बुद्धू उन्हें छोड़कर चल बसा!

बुद्धू और नन्दी का श्राद्ध एक ही दिन हुआ।

इस घटना को हुए पचासों वर्ष हो गए हैं पर आज भी यदि कोई सिरसों गाँव में जाए तो उसे रात को किसी की आवाज़ सुनाई देती है—"नन्दी!"

फिर कोई कहता है, "साहब ने मेरी नन्दी को मार डाला।"

गाँव के लोगों ने भूत समझकर कितनी ही पूजा चढ़ाई पर यह आवाज आज तक बनी हुई है और आज भी यही आवाज़ अँधेरी रात में कई बार सुनाई देती है।

कौन जाने कौन बोलता है!

ग़रीब की दीवाली

"सुनते हो!"

कहती हुई जग्गो अपनी कोठरी से बाहर निकली। लक्ष्मण चुपचाप बैठा आकाश की तरफ देख रहा था। तीन दिन बाद दीवाली है। पर घर में एक पैसा भी नहीं। दीपक, तेल के लिए तो पैसा चाहिए ही; पर उससे बढ़कर प्रश्न था रम्भा और देवल को कुछ देने का। बेचारी बहनें, जो सदा इसी दिन के लिए आस लगाए रहती हैं! और रम्भा? उसने तो कहा है, "भैया मुझे इस बार अच्छी चूड़ियाँ देना, देवल ने एक कंघी माँगी है!" उस पर से ये दो छोकरे दिन-रात सिर खा रहे हैं, "दद्दा पैसे दो, फूलझड़ी जलाएँगे!" हे भगवान् कैसे यह सब होगा। कहकर लक्ष्मण ने आकाश की तरफ देखा। उसने अपनी स्त्री की आवाज़ नहीं सुनी। वैसे ही चुपचाप बैठा रहा।

"सुनते नहीं!" जग्गो ने दुहराया।

"क्या है?" अपनी रुलाई को रोकते हुए भर्रायी हुई आवाज से लक्ष्मण ने कहा।

उसकी आवाज़ सुनकर जग्गो ने समझा, कुछ तबीयत ख़राब है। पास आकर बोली, "कुछ तबीयत ख़राब है क्या?"

"ऐसा भाग्यशाली नहीं हूँ।" लक्ष्मण ने दुःख से कहा। कितनी ही बार उसने सोचा है संसार में कितने आदमी मरते हैं। पर वह ही एक ऐसा अभागा है जिसको मृत्यु भी नहीं पूछती। आज वह अपने हृदय की वेदना नहीं रोक सका।

"देखो, ऐसी बातें मुँह से मत निकाला करो।" जग्गो ने कहा। लक्ष्मण कुछ नहीं बोला। उसके मुँह से एक साँस निकलकर आकाश में विलीन हो गई।

"हाँ, देखो तीन दिन और हैं दीवाली के, कहीं से कुछ पैसों का बन्दोबस्त करो। देखो बच्चे बेचारे एक पैसे के लिए तड़प रहे हैं। और रम्भा और देवल बीबी को भी कुछ देना ही होगा।"

जग्गो एक साँस में कह गई।

लक्ष्मण को लगा जैसे वह अभी रो देगा। कौन नहीं जानता रुपए चाहिए? कम-से-कम एक रुपया चाहिए। पर आएगा कहाँ से? इसका भी तो पता होना चाहिए। उसे क्रोध हो रहा था कि जग्गो क्यों इस बात को नहीं समझती। क्या वह नहीं जानती कि सिर्फ़ एक समय खाकर हम लोग जीवन काट रहे हैं? क्या वह नहीं

जानती कि केवल छः रुपए में हमें महीने चार जनों का खर्चा चलाना है? क्या वह इतना भी नहीं समझती कि हम ग़रीब हैं? दीन-हीन और भूखे! फिर रुपए आएँगे कहाँ से?

वह बिना कुछ बोले चुपचाप वैसे ही मौन, स्तब्ध बैठा रहा। उसके मुँह पर आँख गड़ाकर जग्गो ने कहा, "क्यों जी, सुनते नहीं हो क्या?" लक्ष्मण ने एक साँस ली, एक ठण्डी दुःख की साँस और बोला, "पर जग्गो, तुम तो सब जानती हो, कहाँ से आएँगे, इसका भी पता है? सेठजी बीच में तनख्वाह देंगे नहीं। तुम क्या यह नहीं जानती हो? उस बार जब तुम बीमार पड़ी थीं, तब मैंने कितना हाथ जोड़ा; पर उन्होंने एक पैसा भी नहीं दिया। यह तो कहो भाग्य कि तुम बच गईं। नहीं तो कौन बिना दवा-दारू के बच सका है?"

जग्गो ने एक साँस ली। वह सब जानती है फिर भी बरस-बरस का त्यौहार! उसने साहस कर कहा, "जाकर एक बार माँगो न! रामजस सेठ दे दे तो अच्छा है। मैं तो हार गई। कोई उधार भी देने को तैयार नहीं होता।" लक्ष्मण बोला, "पर क्या तुम समझती हो सेठ दे देगा? कभी नहीं देगा! फिर भी तुम कहती हो तो कल माँगूँगा। पर क्या मिलेगा, यह तो तुम भी जानती हो!"

जग्गो चली गई। उसे चारों तरफ़ अन्धकार दिखाई दे रहा था। बरस-बरस के त्यौहार के दिन भी एक ीपक नहीं जल पाएगा! अभागे बच्चों का एक भी अरमान पूरा नहीं हो सकेगा।

लक्ष्मण चुपचाप बैठा रहा। उसे कुछ सूझता ही नहीं। गरीबी! भूख उसके जीवन की एक सबसे महान वस्तु है! वह एक समय खाना खाता। फटे, चिटे, कटे कपड़े पहनता। आठ आने देकर एक बदबूदार गली में एक कोठरी लेकर रहता। फिर भी दीवाली के दिन। बरस-बरस के दिन। जब चारों तरफ़ उजियाला होगा, प्रसन्नता होगी, रास-रंग होगा उसके घर भी कुछ होना ही चाहिए, यह उसकी धारणा थी! चाह थी, इच्छा थी! और आशा भी।

लक्ष्मण इसी उधेड़बुन में पड़ा हुआ था कि कैसे कुछ पैसों का बन्दोबस्त किया जाए। उसी समय उसका छोटा लड़का आकर उसके गले से लिपट गया।

"दद्दा!" उसने स्नेह से कहा।

"क्या है बेटा?" कहते-कहते लक्ष्मण काँप उठा। वह जानता था इसके आगे क्या होगा।

"दद्दा, एक पैसा दो न! पटाके लाऊँगा। सब लड़के खेल रहे हैं।"

"दीवाली के रोज़ देंगे बेटा। उस रोज़ तुम्हें दो पैसे दूँगा! सन्तोष रक्खो न!" कहते-कहते लक्ष्मण का गला भर आया।

"दद्दा, तुम तो रोज़ ही वादा करते हो।" कहकर छोटा बालक मचल उठा।

"नहीं बेटा, उस रोज ज़रूर देंगे!"

"सच दादा!"

"हाँ बेटा!"

"अच्छा।" कहकर छोटा बालक फिर सड़क पर खेलने लगा। लक्ष्मण एकटक उसकी तरफ़ देखता रहा। धीरे-धीरे रात बढ़ने लगी। वह चुपचाप बैठा सोचता रहा उसने अपने लड़के को धोखा दिया है, उससे झूठ बोला है, जिसके लिए भगवान उसे कभी भी क्षमा नहीं करेंगे!

दूसरे रोज़ सेठ से कुछ पैसे माँगने की प्रतिज्ञा कर लक्ष्मण चुपचाप लेट रहा, पर उस रात लाख प्रयत्न करने पर भी उसकी तप्त दुःखी आँखें न सो सकीं।

दूसरे दिन प्रातः आठ बजे लक्ष्मण रामजस सेठ के घर की तरफ़ चल पड़ा। आज कितने दिनों से उसका नित्य का यही काम था। वहाँ आठ बजे से सन्ध्या को पाँच बजे तक वह काम करता था। कभी फूलों में पानी देता; कभी कुदाल से कोड़ता; पौधे लगाता और इसके लिए उसे तनख्वाह मिलती छः चमकते हुए सफ़ेद चाँदी के रुपए। वह रुपए पाकर फूला न समाता। रुपए उसके हाथ में चमकने लगते, पर घर पहुँचने के पहले, रास्ते में ही बनिए की दुकान पर पाँच, साढ़े पाँच रुपए दे देने पड़ते। खाने का और मकान का। कभी आठ आने, कभी-कभी एक रुपया बच जाता जिसे ले जाकर वह जग्गो के सामने फेंक देता! यही उसकी कमाई थी। चौबीस घण्टों के तीस—लम्बे तीस दिनों की कमाई।

मोटे गोल-मटोल सेठ रामजस अपने बरामदे में बैठे थे। सामने मदिरा की बोतल थी और सुन्दर चमकते शीशे का गिलास! और सेठ की आँखें लाल थीं—सुर्ख़—मदिरा के नशे में मस्त! लक्ष्मण डरते-डरते उनके पास पहुँचा।

साहस कर बोला, "हुज़ूर!"

"क्या है रे?" सेठजी गुर्राए।

"हुज़ूर परसों दीवाली है न!..." इतना कहते-कहते उसकी साँस फूलने लगी!

"फिर?" सेठ ने आँखें तानकर कहा!

"हुज़ूर एक रुप्या दे देते! मेरी तनख्वाह में से काट लीजिएगा, बीस रोज़ तो मैं काम कर चुका हूँ! हुज़ूर...।"

बीच ही में रोककर रामजस बोले, "अबे, भागता है कि नहीं। रुपए लेगा! जा लेना रुपए तीसरी-चौथी को! अब तुम लोगों के तनख्वाह के लिए एक अलग नौकर रक्खूँ। भागता है कि लगाऊँ दो-चार हाथ...!"

"हुज़ूर!" लक्ष्मण ने साहस कर कहा, "बच्चे एक-एक पैसे को तरस रहे हैं! घर दीवाली को भी अँधियारा रह जाएगा सरकार!"

"भागता है कि नहीं?" सेठ बोले।

लक्ष्मण चुपचाप खड़ा रहा।

"चौकीदार!" सेठ ने बुलाया।

लक्ष्मण भय से काँप उठा। वह समझ गया इसके बाद क्या होगा। चुपचाप जाकर काम करने लगा।

पर उसका मन काम करने में न लगा। वह बार-बार रुपए की बात सोचता। अपनी परवशता पर विचार करता। सेठ की बात सोचता—उसी सेठ की जिससे पास-पड़ोस के किसी की बेटी-बहू नहीं बचती और मदिरा—लाल मस्तानी मदिरा—जिसके जीवन की एक ही वस्तु है, महान वस्तु! और शहर की वेश्याएँ जिनकी सहचरी!

थका-माँदा लक्ष्मण घर लौटा। जग्गो ने उसे आते देखा। उसे कुछ साहस हुआ; फिर उसने लक्ष्मण का चेहरा देखा। वह समझ गई क्या हुआ है। फिर भी साहस कर बोली, "क्या हुआ?"

लक्ष्मण ने कठिनता से कहा, "वही जो होना था। बच गया यही कहो, नहीं तो मरम्मत हो जाती।"

जग्गो कुछ नहीं बोली, चुपचाप पानी रखकर चली गई।

रात को जब लक्ष्मण सोया, उस समय उसकी आँखों में नींद नहीं आई। उसकी इच्छा हो रही थी, सेठ को खा जाए। क्यों नहीं सेठ रुपए देते? आख़िर उसने काम तो किया है। विचार ने पल्टा खाया, उसने सोचा, अगर सेठ काम नहीं दे तो फिर भूखों मरना पड़ेगा। उसी के सहारे तो जीता हूँ। और इस अभागी सरकार को तो टैक्स लेना है। रुपए चूसने हैं। कोई भूखों मरे, उसे क्या चिन्ता है! फिर भी रुपए लाने होंगे। एकाएक उसके मस्तिष्क में एक बात आई—क्यों न कल एक फावड़ा सेठ के यहाँ से धीरे से बेच दूँ? चोरी जीवन की—आर्थिक जीवन की—परवशता और विषमता की चरम सीमा है। चारों तरफ़ से निराश लक्ष्मण ने इसी का सहरा लिया।

उसे इस विचार से बड़ी प्रसन्नता हुई। उसे यह काम बड़ा आसान लगा। उसने सोचा, कल दोपहर को जब सब मज़दूर खाना खाने चले जाएँगे, तभी वे बचे फावड़े लेकर बेच आऊँगा। कौन जानेगा मैंने बेचे हैं?

उसे इस विचार से बड़ी प्रसन्नता हुई। वह फूला नहीं समाया। उसे आश्चर्य हुआ क्यों नहीं यह विचार उसके दिमाग़ में इसके पहले आया। फिर उसने सोचा, अगर पकड़ा जाऊँ तो? फिर तो ऐसी मरम्मत होगी कि बचना ही कठिन हो जाएगा।

"पर मैं पकड़ा ही नहीं जाऊँगा।" वह साहसकर बड़बड़ाया।

यही सब सोचती हुई, लक्ष्मण की धँसी अर्थहीन आँखें शान्त हो सो गईं।

दोपहर हो गया था। रामजस सेठ के यहाँ के सब मज़दूर काम करने के बाद खाने चले गए थे। लक्ष्मण अपने कपड़े में से चने निकालकर खाने लगा। पर उसका मन बार-बार सोच रहा था कैसे फावड़ा बेचना चाहिए। साहस कर वह उठा। उसने इधर-उधर देखा कहीं कोई नहीं है। उसने काँपते हुए हाथ से फावड़ा उठाया। उसमें से लकड़ी निकाल दी, फिर लोहा कपड़े में लपेटकर आगे बढ़ा। उसका हाथ काँप रहा था। उसके मस्तिष्क में भय, शंका का प्रबल संघर्ष हो रहा था। वह इधर-उधर चलते-चलते देख लेता। किसी क़दर वह फाटक के बाहर हुआ। अब उसके पैर मानो बढ़ते न थे। ऐसा प्रतीत होता मानो कोई चोर-चोर चिल्लाता आ रहा है। लक्ष्मण काँप उठा। उसमें इतना भी साहस न रहा कि वह पीछे फिरकर अपने पीछा करने वाले को देख सके। उसकी आँखों में अँधेरा, शरीर में कम्पन! मन में चिन्ता। वह उल्लास, वह प्रसन्नता, वह आनन्द जो कुछ क्षण पहले उसके शरीर और मन में उपस्थित था लुप्त हो गया। उसके स्थान पर चिन्ता और चिन्ता की रेखा पग-पग पर नाच रही थी।

कुछ दूरी पर लोहे की दुकान थी। लक्ष्मण ने देखा कहीं कोई भी नहीं देख रहा है। कुछ क्षण रुककर साहस बटोर स्वस्थ हो उसने साहस कर दूकानदार से पूछा, "क्यों भाई, फावड़ा लोगे?

"हाँ, हाँ, क्यों नहीं।" मोटा दूकानदार बोला।

"यह लो भाई, कितना दोगे?" कहकर लक्ष्मण ने फावड़ा आगे बढ़ा दिया।

दूकानदार ने फावड़ा देखा, लोहा देखा। सोचा, नहीं बिकेगा तब भी दो रुपए में तो बिक ही जाएगा।

"कितना लोगे?" उसने लक्ष्मण से पूछा।

"कितना दोगे?" लक्ष्मण ने डरते हुए कहा।

लक्ष्मण के कहने में कम्पन था, मन में चिन्ता की झलक, आँखों में भय, चेहरे पर उदासी, दूकानदार को शक हो गया कि फावड़ा चोरी का है। फिर भी उसने इसके विषय में कुछ नहीं कहा। लक्ष्मण से बोला—बारह आने दे सकता हूँ, इससे अधिक नहीं।

"अच्छा लाओ।" कहकर लक्ष्मण ने हाथ बढ़ा दिया। दूकानदार ने बारह आने पैसे लक्ष्मण के हाथ पर रख दिए।

लक्ष्मण ने पैसे टेंट में रक्खे और आगे बढ़ा। उसकी प्रसन्नता का कोई ठिकाना न रहा। क्षण भर पहले का भय उसे चिन्तित कर रहा था अब नहीं था। और साथ ही साथ आधी चिन्ता भी लुप्त हो गई। अब कौन उसे पकड़ सकेगा। किसी को उसके ऊपर शक न होगा! उसके शक्तिहीन मन में क्षणभर के लिए साहस आ गया। अब क्या है, उसने सोचा दीवाली मनाई जाएगी। कितनी आसानी से काम हो गया। वह हिसाब लगाने लगा। दो-दो आने की दो जोड़ी चूड़ी जग्गो और रम्भा

के लिए। चार आने का तेल। दो आने की कंघी देवल के लिए और एक आना लड़कों को। कुल हुए ग्यारह आने। बाक़ी एक आने का मैं जुआ खेलूँगा। शायद भाग्य चमक उठे।

लक्ष्मण आगे बढ़ा। सेठ के फाटक के पास पहुँचते ही उसे ध्यान आया वह चोर है। उसे ऐसा प्रतीत हुआ मानों चारों तरफ़ से लोग उसे घूर रहे हैं। सब सशंक हैं, सब को उसी के ऊपर सन्देह है। उसका हृदय काँप उठा, भय से। 'हे भगवान्!' कहकर वह आगे बढ़ा और चुपचाप पेड़ के नीचे बैठ गया। फिर भी उसकी आँखें, मस्तिष्क सभी कुछ नाचता रहा।

मज़दूर आए। काम होने लगा। किसी को अभी फावड़े की आवश्यकता नहीं थी। सन्ध्या को चार बज़े फावड़े की तलाश शुरू हुई। सब भौचक्के हो एक-दूसरे का मुँह देखने लगे। लक्ष्मण के मुँह पर हवाइयाँ उड़ने लगीं। पर उसने साहस कर कह दिया, "भाई, मैं क्या जानूँ?"

सेठजी के पास ख़बर पहुँची। बड़बड़ाए। मज़दूरों से जवाब-तलब होने लगा। सबने 'नहीं' कर दिया। लक्ष्मण ने भी साहस कर कह दिया, "मैं नहीं जानता सरकार!"

सेठ ने धमकाना शुरू किया! सब मज़दूर काँप रहे थे। इसी समय लोहार ने प्रवेश किया। उसके हाथ में फावड़ा था। लक्ष्मण किसी भावी आशंका से काँप उठा।

दूकानदार ने फावड़ा रखते हुए सेठजी से कहा, "हुजूर, एक मज़दूर ने इसे मेरे यहाँ आज बारह आने पर बेचा है।"

"हूँ।" कहकर सेठ ने मज़दूरों की तरफ़ देखा।

दूकानदार कहता रहा, "बाद में मैंने इस पर आपका नाम पढ़ा। लेता आया हूँ। सोचा शायद चोरी का है।"

"इसमें कौन है, पहिचान सकते हो?" सेठ ने क्रोध से कहा, उनकी आँखें अब भी चढ़ी थीं, मुँह से पान निकलकर होठों में फैल गया था! पैर डगमगा रहे थे। धन का मद आँखों में नाच रहा था। दुकानदार ने मज़दूरों की तरफ़ देखा और लक्ष्मण को दिखाकर बोला, "वह रहा सरकार।"

"हूँ! तुमने चोरी की है लक्ष्मण!" सेठ को आश्चर्य ही हुआ।

लक्ष्मण मौन रहा। वह जैसे सुन्न हो रहा था। उसके शरीर में बोलने की शक्ति नहीं थी।

"बोलते क्यों नहीं?" सेठ गुर्राए।

"हुजूर माफ़ कीजिए।" लक्ष्मण साहस कर बोला। पर उसकी वाणी काँप उठी। सिर घूम उठा।

सब मज़दूर आश्चर्य से लक्ष्मण की तरफ़ देख रहे थे। आज तक सब लक्ष्मण

को सबसे ईमानदार समझ रहे थे।

सेठ गुर्राए, "चपरासी, मारो इसे। तुम लोग भी पीटो इसे।" मज़दूर झिझके, पर दो चपरासी उस पर टूट पड़े और डण्डों से उसे पीटने लगे।

"तुम लोग देखते क्या हो? मारो साले को या तुम लोग भी इसकी चोरी में शरीक़ हो? नहीं सुनते तो तुम्हारी भी मरम्मत कराता हूँ।"

फिर क्या था। चारों तरफ से लक्ष्मण पर लात-घूँसे पड़ने लगे! डण्डों, लातों, मुक्कों, घूँसों से लक्ष्मण अधमरा हो गया। सेठ ने भी हाथ जमाए। लक्ष्मण के शरीर से कई स्थानों से खून बह रहा था। कई स्थानों से मांस निकल आया था!

"देखो पैसे कहाँ छिपा रक्खे हैं?" सेठ बोले।

पैसे खोजे गए। लक्ष्मण की मैली फटी धोती के एक किनारे से दो छोटे चाँदी के टुकड़े निकले। एक छोटा एक बड़ा।

बारह आने दुकानदार को दे दिए गए और अच्छी तरह मारकार बेहोश लक्ष्मण को सेठ ने दरवाज़े पर सड़क से दूर फेंकवा दिया! और सेठ बग्गी पर बैठ हवा खाने निकल गए।

रात के बारह बजे होंगे। चारों तरफ़ अन्धकार था। एक टूटी चारपाई पर लक्ष्मण पड़ा कराह रहा था। जग्गो उसके पास बैठी थी। उसकी आँखों में आँसू, परवशता, और वेदना के सिवा और कुछ भी नहीं था। उसका पति बीमार पड़ा है, पर उसके पास दवा के लिए एक पैसा भी नहीं। आह! कैसे बचेंगे मेरे देवता! हे भगवान्! हे देवी! मेरे देवता को बचा दो, मैं तुम्हें पूड़ी चढ़ाऊँगी। जग्गो बड़बड़ाई।

लक्ष्मण बड़बड़ा रह था—कल...दीवाली है...बारह आने बहुत हैं...दो-दो आने की दो जोड़ी चूड़ियाँ...दो आने की कंघी...सब ठीक हो जाएगा कल...लड़के भी पटाके ख़रीदेंगे...

जग्गो भय, शंका और शोक से अपने पति की ओर देख रही थी। "हे भगवान्! बचा लो!" यही बार-बार उसके मुँह से निकल रहा था। पर रातभर लक्ष्मण की यही दशा रही।

प्रातः जग्गो ने महादेव पर पानी चढ़ाया। पूजा की, मनौती की। पर पत्थर के देवता न माने।

दीवाली के दिन तीन बजे लक्ष्मण चल बसा! उस संसार को जहाँ उसे सुख मिलेगा, आनन्द मिलेगा। जहाँ उसे चोरी का भय नहीं रहेगा—जहाँ पेट के लिए चोरी करना अपराध नहीं होगा। जहाँ सभी जाएँगे। अभागा लक्ष्मण!

सन्ध्या हो गई थी। श्मशान में तीन-चार आदमी बैठे थे लक्ष्मण के शव को लेकर। जग्गो ने अपने सब बर्तन बेचकर डेढ़ रुपया जुटाया। वह दूसरे दिन किसमें खाएगी, इसकी उसे चिन्ता नहीं थी। उसके पति अच्छी तरह स्वर्ग में रहें, यही उसकी चाह थी, कामना थी, इच्छा थी।

डेढ़ रुपए की लकड़ी आई। चिता सजी। जग्गो चुपचाप अपने दो बच्चों को लिए बैठी रही।

चिता में आग लगी। रात हो गई थी। शहर की सड़कें लाल-पीले बिजली के बल्वों से प्रकाशमान हो रही थीं। लोगों के घरों में दीपक जगमगा रहे थे। कुछ लोग जुआ खेल रहे थे और सेठ रामजस का महल श्मशान से भी चमकता दीख रहा था। सबसे सुन्दर आकर्षक, सबसे मनोरम!

और जग्गो का हृदय? घोर अन्धकार से विदीर्ण हो रहा था। चिता की आग भी उसे ज्योतिर्मय न कर सकी।

बच्चे ने कहा, "माँ पैसे दो न! फूलझड़ी ख़रीदेंगे। दद्दा ने कहा था, दो पैसे दूँगा।"

जग्गो ने भर्रायी हुई आवाज़ से कहा, "देंगे बेटा!"

"तुम नहीं देतीं माँ?"

"मैं नहीं दूँगी बेटा, भगवान देंगे।"

"कहाँ है भगवान?" बालक ने पूछा।

"ऊपर, बेटा।"

"और दद्दा?"

हड्डियाँ जल कर तड़-तड़ कर रही थीं और मांस जलकर चीं-चींचू-नूपूनू की आवाज़।

"वह देखते नहीं दीवाली मना रहे हैं! उन्हीं की तो चिता है फूलझड़ी और पटाके की आवाज़। दीपक का उजाला! सभी कुछ तो है बेटा! आज कितने दिनों से कह रहे थे, काश एक दीवाली अच्छी तरह मना पाता! यही तो उनकी आशा थी बेटा! आज पूरी कर सके हैं। अपनी चिर-इच्छित आशा को! ऐसी दीवाली कहीं होती होगी? नहीं नहीं बेटा! यह बड़ी अच्छी दीवाली है, ग़रीब की दीवाली—भूखों की दीवाली—नंगों की दीवाली!"

इतना कहकर जग्गो ने चिता की तरफ़ देखा जो धू-धू कर जल रही थी और फिर रामजस सेठ के घर की ओर जहाँ बिजली की रोशनी ने सूर्य भगवान को भी मात कर रखा था।

जग्गो ने अपने आँसू पोंछ लिए। उसके मुँह से निकला—भगवान, क्या ग़रीब की यही दीवाली है? क्या अभागों की यही आशा-पूर्ति है? पर भगवान कुछ भी नहीं बोले!

निराशा

"नीरी, ओ नीरी।"

यमुना के तीर पर बैठे एक युवक ने जोर से पुकारा। संध्या हो गई थी। पश्चिमी सूर्य की प्रभा म्लान हो चुकी थी। युवक हाथ में बंशी लिये मछली की ओर एकाग्रचित्त देख रहा था।

कुछ एक क्षण बाद ही एक सुन्दर युवती आकर उसके पास खड़ी हो गई। गोरा रंग, हँसमुख चेहरा, सुन्दर आकर्षक आँखें, मझोला कद, पाँव में झाँझ, कमर के नीचे घाघरी, सिर पर ओढ़नी, बगल में मिट्टी का घड़ा। अवस्था पन्द्रह-सोलह से अधिक नहीं होगी। यौवन की आँधी का आभास शरीर के अंग-प्रत्यंग से दृष्टिगोचर हो रहा था।

"ओहो! तुम हो निज़ाम" युवती मुस्करा उठी।

"हूँ, पर तुम यहाँ कैसे आईं नीरी?"

"मैं? मैं तो पानी लेने आई हूँ। पर तुम मछली कब तक पकड़ते रहोगे! उठो चलें। अब अँधेरा होने लगा है।"

"हाँ चलता हूँ, नीरी" कहकर युवक उठा। एक हाथ में उसने मछलियाँ उठा लीं और दूसरे में बंशी लेकर वह पास के पतले सँकरे रास्ते से चल पड़ा।

दोनों साथ-साथ चले जा रहे थे। दोनों के हृदय में अजीब तरह की हलचल मची हुई थी। दोनों ही एक-दूसरे की बात सोच रहे थे।

"नीरी!"

"हूँ!"

"तुम्हें वे दिन याद हैं?"

"कौन से?"

"वही जब हम बच्चे थे, इसी यमुना के तट पर जब हम घूमा करते थे, जब हमारे हृदय में ऐसे भाव थे जिनमें न कुछ आकांक्षा थी, न स्वार्थ। जब हम एक-दूसरे को जानते थे, समझते थे, घण्टों इसी यमुना के तट पर खेला करते थे, दिन में कई बार लड़ते और फिर मेल करते।"

नीरी ने एक ठण्डी साँस ली।

"तुम्हें याद हैं वे दिन, जब हम बच्चे थे। जब सबसे पहले हमने सुना था

सम्राट बाबर ने सुल्तान इब्राहिम को परास्त किया था? और तुम वे दिन भी न भूली होगी जब एक अपरिचित मुग़ल सरदार ने आज से पन्द्रह साल पहले इसी यमुना के तट पर हमें सोने का एक सिक्का दिया था।''

''हूँ और तुम्हीं तो कह रहे थे कि वे ही सम्राट बाबर के पुत्र हुमायूँ हैं।''

''हाँ, और नीरी, तुम्हें यह जानकर आश्चर्य होगा कि आजकल दिल्ली के सिंहासन पर सम्राट हुमायूँ विराजमान हैं। वही हुमायूँ जिन्होंने हमें एक सिक्का दिया था। और जिनका हमने यहीं यमुना-तट पर दर्शन किया था...अभी-अभी वे गुजरात विजय कर लौटे हैं। वीर सुल्तान बहादुरशाह बुरी तरह हारकर भाग गया है।''

''पर मैंने तो सुना है कि गुजरात फिर उनके हाथ से निकल गया है।''

''हाँ, सुना तो मैंने भी है, जो सिपाही गुजरात के युद्ध से लौटे हैं उन्होंने ही बताया है।''

बात करते-करते वे गाँव के काफ़ी निकट आ गए थे। घास-फूस के मकान कुछ दूरी पर दिखाई दे रहे थे।

''नीरी, एक बात पूछूँ? नाराज तो नहीं होगी?''

''तुमसे?''

''हाँ मुझसे! मैं जानता हूँ यह प्रश्न बेजा है। फिर भी पूछता हूँ क्योंकि यह हमारे सुख-दुःख का प्रश्न है, बोलो।''

युवती मुस्कराई। युवक की तरफ़ देखकर बोली, ''अच्छा पूछो, मैं नाराज नहीं हूँगी।''

''मैं सोचता हूँ, अब शीघ्र ही हमारा निक़ाह हो जाए।'' युवक ने उत्सुकता और स्नेह से कहा।

नीरी कुछ एक क्षण चुप रही। फिर बोली, ''पर यह सम्भव कैसे है निज़ाम! अम्मी मुझसे बार-बार कहती है कि मैं तुझे किसी ऐसे बड़े मुसलमान अफ़सर से ब्याहना चाहती हूँ जो मेरा भी पालन कर सके।''

निज़ाम ने एक साँस ली—एक ठण्ठी साँस जो दुःख की बोधक है और बोला, ''नीरी! मैं ग़रीब हूँ। यह मैं जानता हूँ। तुम सुन्दरी हो, अतीव सुन्दरी, अतः तुम किसी बड़े सरदार के घर की शोभा बढ़ा सकोगी, यह भी जानता हूँ...तुमने सुना नहीं अभी-अभी पिछले साल हमारे गाँव की सकोना का ब्याह जौनपुर के शिकदार से हुआ था। हज़ारों सोने के टनके उन्होंने अपनी बूढ़ी सास को दिए थे और बहुमूल्य वस्त्रों को देखकर तो गाँव भर की आँखें चकाचौंध हो गई थीं। पर नीरी, मेरी तरह वे तुम्हें प्यार न कर सकेंगे। और नीरी, क्या तुम मुझे प्यार नहीं करतीं। क्या तुम किसी और को...''

''निज़ाम, तुम मुझे नीच न समझो। प्राण रहते मैं किसी और की नहीं हो

सकती। यह सही है कि हम मुसलमान हैं पर मेरी दादी कहती हैं कि हम भी ब्राह्मणों के वंशज हैं—सुल्तान फिरोज़शाह के काल में हमारे परदादा ने इस्लाम धर्म स्वीकार किया था। अभी तक हिन्दुओं का और उनमें श्रेष्ठ ब्राह्मणों का रक्त हमारी रगों में है। प्राण रहते मैं दूसरे से निकाह नहीं कर सकती पर तुम्हीं कहो अम्मा के विरुद्ध मैं क्या कर सकती हूँ। हमारे दो भाई पानीपत युद्ध में मारे जा चुके हैं। मेरे पिता उनके पहले ही युद्ध में मर चुके थे। इस परिस्थिति में मेरी अम्मा मेरे ऊपर निर्भर हैं। मेरे सिवा उनके और कोई भी सन्तान नहीं है। मेरे पश्चात् उनके खाने-पीने की समस्या जटिल हो उठेगी। इस अवस्था में क्या तुम मुझे उन्हें दुःखी करने को कहोगे? तुम्हें कुछ दिन तक प्रतीक्षा करनी पड़ेगी। तुम्हीं सोचो।"

निज़ाम कुछ नहीं बोला, चुपचाप चलता ही रहा। उसकी गति कुछ धीमी हो गई। उसने मन में कहा, "काश मेरे पास भी धन, टनका होता जो नीरी को लाकर मेरे साथ बाँध देता! उसने अपना जीवन खेल-कूद कर बिताया है, माँ-बाप धनी नहीं फिर भी खाने को रूखा-सूखा मिल ही जाता है पर धन उसके पास नहीं है। और न कहीं से मिलने की आशा ही है।"

वह सिर नीचा किए चला जा रहा था। उसकी आँखों में आँसू थे और हृदय में थी पीड़ा।

नीरी ने उसकी तरफ देखा। उसकी आँखें भी जल से भर उठीं। निज़ाम का हाथ अपने हाथ में लेकर स्नेह से बोली, "निज़ाम ऐ जी।"

फिर भी निज़ाम नहीं बोला।

"ओ निज़ाम" नीरी ने झकझोर कर उसको पुकारा।

"हूँ!"

"देखो निराश न हो। मैं तुम्हें कितना प्यार करती हूँ—इसका नाटक नहीं करना होगा। मैं नाटक नहीं जानती।" विह्वलता से युवती बोल उठी।

निज़ाम ने अपनी आँखें उठाईं। उसने देखा नीरी की आँखें सजल हैं।

"देखो आज नहीं, पर कल तुम मेरे घर आना। अम्मा से निकाह के लिए कहना। मैं भी रहूँगी। मेरा विश्वास करो। निज़ाम, मैं तुम्हारी हूँ।" इतना कहते-कहते उसका गला भर उठा! उसने अपना सिर निज़ाम के कन्धे पर रख दिया।

दोनों गाँव के बिल्कुल नज़दीक आ गए थे।

"आओगे न?" नीरी ने रुँधे कण्ठ से पूछा।

"हाँ," निज़ाम ने केवल इतना ही कहा और एक बार नीरी की तरफ़ देखकर तेज़ी से अपने घर की ओर चल पड़ा।

सबेरा होते ही निज़ाम नीरी के द्वार पर जा खड़ा हुआ।

बड़ी कठिनता से उसने पुकारा, "दादी ओ दादी!"

एक अधेड़ स्त्री बाहर निकली। चेहरा गोल, शरीर मोटा, मझोला क़द, कमर में घागरी, सिर पर ओढ़नी, निज़ाम को देखते ही उसके चेहरे का रंग बदल गया। फिर भी मुँह पर प्रसन्नता लाने का प्रयत्न करती हुई बोली, "ओहो तुम हो, आओ बेटा, आओ।"

अन्दर से नीरी ने एक बिस्तर लाकर बिछा दिया। चुपचाप निज़ाम उसी पर बैठ गया। उसके मस्तिष्क में एक विचार था। वह इस विचार को जिह्वा पर लाना चाहता था पर बार-बार शर्म और लज्जा उसका मुँह रोक देती। फिर किसी तरह शक्ति लगाकर उसने कहा, "दादी, मैं एक बात कहने आया हूँ।"

बुढ़िया ने आँखें फाड़कर निज़ाम की ओर देखा, फिर बोली, "क्या कहना चाहते हो, कहो बेटा।"

एक क्षण मौन रहकर निज़ाम ने कहा, "दादी, मैं नीरी से निक़ाह करना चाहता हूँ।"

बुढ़िया ने आँखें फाड़कर निज़ाम की तरफ देखा मानो सहसा वह इन बातों पर विश्वास करने में असमर्थ थी। फिर एकबारगी उसका मुँह तमतमा उठा। उसने गला फाड़ते हुए क्रोध से कहा, "ओहो! मेरी बेटी को ब्याहने के लिए तुम्हीं तो हो। पहले अपने घर में तो देख लो कि मेरी बेटी को सारा घर बेचकर भी उसे रख सकोगे या नहीं।"

निज़ाम चुप रहा। मारे लज्जा और शर्म के उसका सिर भी नहीं उठा।

बुढ़िया कहती ही गई, "अरे बेटा, मुझे अगर ब्याहना ही होगा तो किसी सरदार या बड़े घर में शादी करूँगी, तुम्हारे ऐसे ग़रीब अपाहिज से नहीं।...लाखों बड़े अफ़सर-शिकदार नीरी बेटी के लिए नाक रगड़ रहे हैं, देखो, फिर ऐसी बात जबान पर न लाना।"

इतना कहकर बुढ़िया चुप हो गई। उसकी आँखों से आँसू गिरने लगे।

"आज अगर नीरी के पिता जीवित होते तो तुम्हें यह कहने का साहस नहीं होता।...तुम्हारे ऐसे दरिद्र, अपाहिज और नीच मुसलमान से मैं अपनी लड़की का विवाह करूँगी? मुसलमान हो तो क्या हमारे पूर्वज ब्राह्मण थे, पहले इस योग्य बनो कि मेरी बेटी को रख सको। तब मुझसे बात करना।"

बुढ़िया का उग्र रूप देखते ही निज़ाम का हृदय काँप उठा आह काश कि उसके पास धन होता। धन! केवल यही एक शब्द उसके सिर पर हज़ारों तोप के गोलों की भाँति टक्कर मारने लगा। वह सोचता आह कितना दुर्भाग्य है! हम मुसलमान होने पर भी जाति-प्रथा नहीं छोड़ सके हैं। वह उठ खड़ा हुआ। बड़ी कठिनता से कह पाया, "अच्छा दादी मैं तभी इस घर में प्रवेश करूँगा जब मेरे पास धन होगा और जब मैं नीरी के योग्य होऊँगा।" वह वहाँ अधिक नहीं ठहर सका। जल्दी-जल्दी पग बढ़ाता चल पड़ा।

नीरी की आँखों से आँसू झर रहे थे। वह पुकारती रही "निज़ाम! ऐ जी निज़ाम!" पर निज़ाम न लौटा। घर न जाकर निज़ाम सीधे यमुना के तीर पर जा बैठा। आज जीवन में पहली बार उसने चिन्ता की है। आज तक मछलियाँ, नाव और खेल-कूद में ही उसने अपना जीवन बिताया है पर आज जीवन का न्याय रूप अपने विभक्त स्वरूप में उसकी आँखों में नाच उठा। भविष्य नीरी, धन, यही कुछ शब्द उसे बार-बार अपने बन्धन में बाँध रहे थे जिसमें से उसका भागना असम्भव अत्यन्त असम्भव था।

एक वर्ष व्यतीत हो गया। भारत के भाग्य ने पलटा खाया। विलास-प्रिय भारत-सम्राट हुमायूँ गुजरात विजय कर कुछ दिन दिल्ली में रहने के पश्चात् बंगाल की तरफ चल पड़ा था।

शेरखाँ का भीषण नाद अफ़गानों के कानों में गूँज रहा था। नयी शक्ति, नये बल के साथ दूर-दूर से अफ़गान अपना साधु, संन्यासी, फ़कीर और भिखमंगों का वेश छोड़, हर तरह का भेद-भाव भूल उसकी सेना में आ रहे थे। खोए हुए अफ़गान साम्राज्य को फिर से स्थापित करने की लगन और जोश उनके रग-रग में भर गया था। बिजली के प्रवाह की भाँति भारतवर्ष के हर एक अफ़गान का शरीर रोमांचित हो उठा था। अफ़गानों में नया जीवन और नये शक्ति आ गई थी।

निज़ाम की इच्छा हुई कि वह भी शेरखाँ की फौज में भर्ती हो जाए। पर वह यह नहीं कर सका। वह अपने भिश्ती के नये काम में लगा था। प्रातः एवं सन्ध्या को वह भिश्ती का काम करता। इसके लिए उसे पन्द्रह टनके महीने मिलते थे, फिर दिन भर वह मछलियाँ मारा करता। उसने एक जाल भी बना लिया था। और एक मल्लाह नौकर की मदद से काफ़ी मछली पा जाता। मछली बेच कर भी उसे कुछ टनके प्राप्त हो जाते। वह बड़ी लगन से धन कमा रहा था। कभी-कभी उसकी नीरी से भेंट हो जाती। वह ज़ोर से पुकार उठती—

"ऐ जी निज़ाम! सुनो तो।"

निज़ाम चुपचाप खड़ा हो जाता। फिर भी उसका सिर नीचा ही रहता। वह नीरी को कितना प्यार करता है यह शायद नीरी भी नहीं जानती है। फिर भी शर्म—ग़रीबी की शर्म—उसका सिर ऊपर नहीं उठने देती।

"मुझे पहचानते नहीं?" नीरी बोल उठती। उसकी वाणी में विह्वलता होती!

निज़ाम का सिर आपसे आप उठ जाता। वह बोल उठता, "पहचानता नहीं हूँ? क्यों?"

"मैं तुम्हें ही प्यार करती हूँ। सिवा तुम्हारे और कोई भी मेरे शरीर को छू नहीं सकेगा, निज़ाम।"

निज़ाम का शरीर रोमांचित हो उठता। कुछ कहने को उसके होंठ फड़क उठते फिर उस दिन की बात? धन का प्रश्न, उसकी वाणी रुक जाती, वह एकटक नीरी की तरफ देखता रहता, उसके मुँह से केवल इतना ही निकलता "हाँ नीरी, मैं सब कुछ जानता हूँ पर मुझे कुछ धन कमाने दो तभी तो तुम्हारी दादी सन्तुष्ट होंगी।"

नीरी एकटक ताकती रहती। निज़ाम फिर कुछ न कह आगे बढ़ जाता। निज़ाम जानता है कि नीरी उसे प्यार करती है, बहुत प्यार। फिर भी वह निश्चित नहीं कह सकता कि वह धन कमा ही सकेगा। और धन न मिला तो इसका पश्चात्ताप उसको जीवन भर रहेगा।

नीरी शान्त, स्तब्ध, एकटक उसकी तरफ़ देखती रह जाती। उसकी आँखों में कुछ रोज़ पहले की घटना नाच उठती–

सन्ध्या के समय नीरी अपने घर में बैठी हुई थी। इतने में कुछ घुड़सवार उसके घर के सामने रुके। साथ में एक सरदार था, कुछ सिपाही। एक सिपाही ने आकर नीरी की माँ से कहा, "लखनऊ के शिकदार आपसे मिलना चाहते हैं।"

बुढ़िया बाहर निकली। अदब से मिली। नीरी छिपी सुन रही थी।

"दादी जी, मैं आपकी लड़की नीरी से विवाह करना चाहता हूँ, मुझे उम्मीद है, आप इंकार नहीं करेंगी।"

बुढ़िया फूली न समाई।

"आप शिकदार हैं, मालिक हैं। नीरी आपकी ही है। पर..."

"शुक्रिया, आपके लिए इन्तजाम हो जाएगा। 10 हजार टनके मैं दूँगा।"

"निकाह कब होगा?"

"इसी साल।"

ठीक इसी समय नीरी बाहर आ खड़ी हुई। उसकी आँखें अंगारे के समान जल रही थीं। अब तक वह सब कुछ सह रही थी पर शिकदार का काला-कलूटा रूप देख और उसका भीषण नाद सुनकर वह काँप उठी। उसने निर्भय होकर कहा, "माँ मैं इनसे विवाह न कर सकूँगी।"

बुढ़िया का खून खौल उठा, "चल बैठ, अभागी।"

"माँ, अगर नहीं मानोगी तो मैं जान दे दूँगी।" नीरी की वाणी में शक्ति थी। मनाने पर भी वह राज़ी न हुई।

"इसे मैं मना लूँगी" कहकर शिकदार को बुढ़िया ने विदा किया, पर शिकदार कहता गया "मैं इसका बदला ज़रूर लूँगा।"

गर्मी के दिन थे। लू, धूप और अंधड़ की कमी नहीं थी। सन् 1539 का साल भारत के भाग्य-निर्णय का साल था। उत्तरी भारत एक भीषण हलचल से काँप उठा

था। जिधर देखिए उधर से ही अफगान शेरखाँ की फौज की ओर चले जा रहे थे। उनकी आँखों में तेज, वाणी में बल, शरीर में स्फूर्ति और मन में उल्लास की रेखाएँ थीं।

एक बहुत बड़ी क्रान्ति एक महान परिवर्तन की भूमिका बँध चुकी थी। अफ़गानों और मुग़लों का संघर्ष नए रूप में भारत के सैनिकों के समक्ष उपस्थित हो चुका था।

अभागा हुमायूँ गंगा की तरफ़ से अपनी थकी-माँदी, बीमार फौज के साथ बंगाल से भागा आ रहा था। चौसा के पास दोनों की फौजें आमने-सामने डटी हुई थीं।

प्रातःकाल हो रहा था। निज़ाम कई रोज़ से मछली के शिकार को नहीं गया था। पर आज उसका मन प्रसन्न था। उसे प्रतीत हो रहा था मानो आज का दिन उसके जीवन का महान दिन है। उसने अपनी दोनों मशकें उठाईं और यमुना की तरफ़ चल पड़ा।

रात भर पास ही चौसा की भूमि से भीषण आवाज़ उसने सुनी—धायँ-धायँ, मारो, काटो, अल्ला हो अकबर की आवाज़, हाथियों की चिंग्घाड़, घोड़ों की हिनहिनाहट दो घड़ी तक उसे सुनाई देती। उसे कुछ-कुछ युद्ध का आभास मिल रहा था। फिर भी वह अपनी तृष्णा किसी दैवी प्रेरणा के कारण न रोक सका।

यमुना के तीर पर वह चुपचाप मशक लिए छिपा खड़ा रहा। इसी समय कुछ सिपाही घोड़े और हाथियों को लिए पहुँचे। घोड़े और हाथी पानी में डाल दिए गए। एक हाथी थोड़ी दूर तक घुसा, फिर यमुना की तीक्ष्ण धार में न बढ़ सका। सिपाहियों ने हाथी लौटा दिया। निज़ाम चुपचाप पेड़ की आड़ में खड़ा यह सब देख रहा था। उसके दोनों मशक कन्धे पर थे। वह यहीं पानी भरने आया था। पानी भरकर वह शहर में सींचने जाएगा।

"शाहंशाह!" एक सिपाही ने अदब से कहा, "हाथी आगे नहीं बढ़ सकता।"

"आज जब मेरे सिपाहियों ने, मेरे सरदारों ने साथ छोड़ दिया तो क्या हाथी मेरा साथ दे सकता है। सब खुदा का फज़ल है, नहीं तो तैमूर के वंशज की आज यह दशा नहीं होती। ख़ैर चलो एक बार लौटकर इन विद्रोही अफगानों को उनकी बगावत का मजा चखा दूँ।"

निज़ाम ने आश्चर्य से देखा यह वाक्य सम्राट हुमायूँ के थे। सब लोगों के सिर झुक गए। कोई कुछ भी नहीं कह सका। सामने लहलहाती हुई यमुना की भीषण धारा थी। पीछे अफ़गानों का—शक्तिशाली विद्रोही अफ़गानों का अतुल वेग—दोनों तरफ़ भय था और जान की बाजी।

"शाहंशाह चलिए एक बार कोशिश कर देखें हम लोग अपने घोड़ों पर मजे से जा सकते हैं। एक बार आप फिर हाथी पर बैठिए।"

"मैं भी तो घोड़े पर चल सकता हूँ" शाहंशाह हुमायूँ एक बार बड़बड़ाया। एक मुग़ल सरदार ने आगे बढ़कर कहा, "हुज़ूर आला। आपके बदन में काफी चोट आई है। आप घोड़े पर नहीं चढ़ सकेंगे।"

सबके चेहरे पर मुर्दनी छा गई। ठीक इसी समय मुग़लों ने देखा कोई पेड़ की आड़ में से निकल रहा है! सबके हाथ तलवार पर जा लगे। पर आगन्तुक ने जोर से पुकारकर कहा, "डरिये नहीं मैं हूँ एक भिश्ती, आपका मित्र।"

क्षण भर तक निस्तब्धता रही। निज़ाम चुपचाप आकर सम्राट के सामने खड़ा हो गया। उसने सिर झुकाकर कहा, "शाहंशाह, आज से कुछ साल पहले इसी यमुना के तट पर दो बालक-बालिकाओं ने आपके दर्शन किए थे। आप वह दिन भूल गए होंगे। पर हमारे जीवन की वह महान घटना है। आपने उन्हें एक-एक सोने का सिक्का दिया था। मैं वही निज़ाम हूँ। निज़ाम भिश्ती। ये मेरी दो मशकें हैं। आप बड़े मजे में इनकी मदद से नदी पार कर सकते हैं।"

सब लोगों ने आश्चर्य से देखा। मानो निज़ाम कोई देवदूत है। आकाश से सम्राट की मदद के लिए आया है। इतने में दूर पर अफ़गानों के सिपाही नज़र आए। सिपाहियों में हलचल मच गई।

"शाहंशाह जल्दी नदी में उतर जाइए। अफ़गान सैनिक नज़र आ रहे हैं।" एक सरदार ने कहा।

"और निज़ाम तुम भी घोड़े पर चढ़ जाओ। तुम्हें भी उस पार चलना होगा। अफ़गान सिपाही तुम्हें इस अवस्था में जीता नहीं छोड़ेंगे।"

क्षण भर बाद घोड़े छप-छप पानी में तैर रहे थे। बीच में हुमायूँ सिपाहियों के साथ मशक की मदद से बढ़ते चले आ रहे थे। किनारा आने पर सब लोग उतर पड़े।

"निज़ाम तुम क्या चाहते हो?" प्रसन्न होकर सम्राट ने प्रश्न किया।

निज़ाम कहना चाहता था कि मुझे बहुत-सा धन चाहिए। पर उसे कुछ शर्म आई, बोला, "शाहंशाह, मुझे कुछ भी नहीं चाहिए।"

सरदारों ने आश्चर्य से देखा, सिपाहियों ने घृणा से, सम्राट हँसे, बोले, निज़ामुद्दीन औलिया भी तो ऐसे ही महान थे, इसका नाम भी निज़ाम है। पर निज़ाम तुम्हें कुछ माँगना ही पड़ेगा। सम्राट तुम्हें कुछ देना चाहते हैं।

"शाहंशाह! क्या मैं जो कुछ माँगूँगा मिलेगा।"

"ज़रूर ज़रूर, तुमने दिल्ली के सम्राट तैमूर के वंशज बाबर के पुत्र के प्राण बचाए हैं। निज़ाम तुम्हें वही मिलेगा जो तुम माँगोगे।"

"शाहंशाह!" बड़ी झिझक के साथ निज़ाम ने कहा, "मैं कुछ एक दिन के लिए दिल्ली के तख़्त पर बैठना चाहता हूँ!"

सरदारों के मुख क्रोध से लाल हो उठे।

सम्राट हँसे, बोले, "यही नहीं, उन कुछ घण्टों में तुम जो चाहो वह शाही ख़ज़ाने से अपने लोगों या अपने लिए रख सकते हो।"

फिर कुछ क्षण बाद बोल उठे, "पर निज़ाम आखिर तुम सम्राट क्यों होना चाहते हो?"

निज़ाम ने नीचे की ओर देखते हुए कहा, "शाहंशाह आपने जिन दो बालक-बालिकाओं को सोने का सिक्का दिया था, उनमें एक मैं हूँ और एक नीरी। मैं उनसे निकाह करना चाहता हूँ। पर मैं धनहीन हूँ, इस कारण उसकी माँ मुझे उसे देना नहीं चाहती।"

"और नीरी?" हुमायूँ बोल उठे।

"वह तो सम्राट! मेरे सिवा और किसी के साथ न रह सकेगी।"

"तुम किस गाँव में रहते हो।" सम्राट ने पूछा।

"फिरोजगंज, यहाँ से दो मील यमुना के उस पार है।"

सम्राट हँसे, बोले, "निज़ाम इसके लिए तुम्हें मेरे साथ दिल्ली चलना पड़ेगा।"

सब लोग दिल्ली की तरफ चल पड़े। चलने के पहले सम्राट ने पाँच सैनिक और एक सरदार को बुलाया, उनके कान में कुछ कहा और रवाना हो गए।

उस दिन दिल्ली की सड़कों पर बड़ी भीड़ थी। आज दिल्ली के सिंहासन पर कुछ घण्टों के लिए वही भिश्ती गद्दी पर बैठेगा जिसने सम्राट हुमायूँ की जान बचाई थी। सरदार इससे नाराज़ थे। वे यह न समझ सके कि इस समय जब शेरशाह का बल भीषण रूप से बढ़ता चला जा रहा है सम्राट को यह क्या खेल सूझ रहा है। पर सम्राट की आज्ञा? सभी को मानना ही होगा।

ठीक समय पर दरबार लगा। सभी सरदार उपस्थित थे। सम्राट के वेष में निज़ाम दरबार में दाखिल हुआ। उसने आँख उठाकर दरबार को देखा। सोने, चाँदी हीरों में जड़ा सिंहासन, स्वर्ण-वस्त्रों से सुसज्जित सरदार, चमचमाती तलवारें सभी कुछ...।

सिंहासन के पास पहुँचकर निज़ाम सहमते हुए सिंहासन के पास पृथ्वी पर बैठ गया, दर्शकों की बाँछें खिल गईं। कोई धीरे से बोल उठा, "आखिर भिश्ती तो है।" एक सरदार ने उसको उठाकर सिंहासन पर बैठा दिया। निज़ाम ने बहुत-से छोटे-छोटे सिक्के जनता को लुटा दिए। सहसा उसने देखा, एक युवती और एक अधेड़ स्त्री सामने आ रहे हैं। निज़ाम की आँखें नाच उठीं। वह चिल्ला उठा, "नीरी!"

पास के एक सिपाही ने कहा, "सम्राट की आज्ञा है कि जितना कहें उतना धन इन्हें दे दिया जाए!"

"बुढ़िया को जितना सोने के सिक्के वह उठा सके दे दो।" सम्राट निज़ाम

ने हुक्म दिया।

बुढ़िया एकटक निज़ाम को देख रही थी। उसके मुँह से केवल इतना ही निकला "निज़ाम? सम्राट?" इसी समय सुवर्ण मुद्राओं का एक गट्ठर उसके सिर पर रख दिया गया। बुढ़िया उसके भार से दब-सी गई।

"नीरी को दस हज़ार टनके दिए जाएँ।" नए सम्राट की नई आज्ञा थी। लाखों रुपया नए सम्राट की आज्ञा से दान कर दिया गया। ऊपर सम्राट हुमायूँ बैठे देख रहे थे, अपने जीवनदाता निज़ाम को और उसकी प्रेयसी नीरी को। उनके होठों पर मुस्कराहट थी और चेहरे पर गर्व की रेखा।

उसी दिन सन्ध्या को एक पालकी पर बैठ निज़ाम नीरी के साथ चला जा रहा था। बुढ़िया ने सब कुछ त्यागकर दिल्ली में ही निवास करने का निश्चय कर लिया था। निज़ाम स्वयं आगरे की तरफ़ जा रहा था। अभी-अभी उससे निज़ाम का निकाह हुआ है। उसकी जन्म-जन्म की आशा पूरी हुई। निज़ाम ने हँसकर पूछा, "नीरी तुम्हें देखकर तो मैं आश्चर्यचकित हो गया!"

नीरी मुस्कराकर बोली, "सचमुच शांहशाह!" उसकी आँखें नाच उठीं। फिर कुछ रुककर बोली, "आपको उस तख्त पर देख मैं अचम्भित हो गई थी!"

"पर तुम आईं कैसे?"

"मुझे स्वयं सम्राट ने उसी रोज ख़बर दी थी और चार-पाँच सिपाहियों को एक सरदार के साथ डोली पर लाने के लिए भेजा था। मैं भी तो शाहंशाह के कुछ दूर ही पर आ रही थी पर मैं सोच न सकी कि आप शाहंशाह होने जा रहे हैं।"

कुछ क्षण तक दोनों एक-दूसरे की तरफ देख रहे थे।

"शाहंशाह!" नीरी बोल उठी।

"शाहंशाह नहीं, निज़ाम।"

"नहीं शाहंशाह!"

"नहीं मुझे ग़रीब, निज़ाम ही कहो नीरी।"

"पर तुम तो ग़रीब से बदलकर शाहंशाह हो गए हो।"

"तो फिर तुम्हें भी बदलकर नीरी से महारानी होना पड़ेगा।"

दोनों अट्टहास कर उठे।

ठीक इसी समय "धाँय-धाँय" की आवाज़ सुनाई दी। निज़ाम ने आँख उठाकर देखा। एक सरदार घोड़े से गोली चला रहा है। उसके देखते ही फिर "धाँय-धाँय" की आवाज़ हुई और नीरी धम से निज़ाम की गोद में गिर पड़ी!

"नीरी," निज़ाम चिल्ला उठा।

सरदार पास आ गया। निज़ाम को देखकर उसने कहा, "मुझे पहचाना?"

"नहीं।" क्रोध से निज़ाम के होंठ काँप उठे।

"मैं हूँ लखनऊ का शिकदार। मैं ही नीरी से विवाह करना चाहता था। पर इस अभागी लड़की ने इंकार कर दिया। दरबार में मुझे तुम्हारे सामने सिर झुकाना पड़ा। तुम्हें मैं मार नहीं सकता था, क्योंकि सम्राट के तुमने प्राण बचाए हैं। पर नीरी को मैं नहीं छोड़ सकता, इसने मेरा अपमान किया है।"

इतना कहकर सरदार ने घोड़े को एड़ लगाई और चलता बना। नीरी ने कराहते हुए आँखें खोलीं।

"नीरी, ओ नीरी!" निज़ाम चिल्ला उठा!

पर नीरी न बोली, न बोली।

(संसार, बनारस, 11 जनवरी, 1945)